DU VOL

OU DE LA

NAVIGATION AÉRIENNE.

ÉTUDE D'UN APPAREIL D'AVIATION

OU DE

NAVIGATION AÉRIENNE SANS BALLONS,

MIS EN MOUVEMENT PAR UNE MACHINE A VAPEUR.

PARIS. — IMPRIMERIE DE GAUTHIER-VILLARS,
Rue de Seine-Saint-Germain, 10, près l'Institut.

DU VOL

OU DE LA

NAVIGATION AÉRIENNE.

ÉTUDE D'UN APPAREIL D'AVIATION

OU DE

NAVIGATION AÉRIENNE SANS BALLONS,

MIS EN MOUVEMENT PAR UNE MACHINE A VAPEUR,

Par M. DEVÈZE,

Ancien Élève de l'École Polytechnique.

PARIS,

GAUTHIER-VILLARS, IMPRIMEUR-LIBRAIRE

DU BUREAU DES LONGITUDES, DE L'ÉCOLE IMPÉRIALE POLYTECHNIQUE.

SUCCESSEUR DE MALLET-BACHELIER,

Quai des Augustins, 55.

1867

TABLE DES MATIÈRES.

DU VOL

ou de la

NAVIGATION AÉRIENNE.

ÉTUDE D'UN APPAREIL D'AVIATION

ou de

NAVIGATION AÉRIENNE SANS BALLONS,

mis en mouvement par une machine a vapeur.

CHAPITRE PREMIER.

BUT DE CE MÉMOIRE.

La navigation aérienne par les ballons est une chimère: on l'a démontré bien des fois; il est inutile que je vienne donner ici de nouvelles preuves de cette vérité.

L'homme arrivera à voler, c'est-à-dire à transporter dans l'air de grands poids, avec de grandes vitesses, au moyen d'appareils mécaniques plus ou moins analogues à l'aile de l'oiseau : on l'a dit aussi; mais personne, jusqu'à présent, n'a réalisé cette conception, trop hardie peut-être; personne même n'a proposé une solution théorique de ce difficile problème.

L'oiseau vole en battant l'air de ses ailes; il n'est pas nécessaire d'être bien savant pour observer ce fait et l'énoncer en ces termes; mais que se passe-t-il dans le battement de ces ailes?

avec quelle force, quelle vitesse l'air est-il frappé? dans quelles
conditions générales agit la force qu'il développe? en un mot,
par quel *artifice dynamique* l'oiseau se soutient-il? tout cela n'a
pas été déterminé encore, et je vais essayer de le faire dans ce
Mémoire. J'exposerai d'abord la loi mécanique qui régit le
mouvement principal de l'aile de l'oiseau, loi d'une telle simplicité, qu'il est inconcevable que personne encore ne l'ait dé-
gagée du voile si léger qui la recouvre; je ferai voir ensuite
comment, sur les principes que j'ai établis, j'espère réaliser un
appareil *volant* dont le moteur sera la machine à vapeur ordinaire, réduite au minimum de poids qu'on saurait lui donner
aujourd'hui.

CHAPITRE II.

OPINIONS DÉJA ÉMISES SUR L'AVIATION ET LA NAVIGATION AÉRIENNE.

Avant d'entrer dans l'étude de la question, je commencerai par rappeler en quelques mots les principales tentatives qui ont été faites, sinon pour arriver à sa solution, du moins pour la préparer.

Il y a bien longtemps déjà, un savant, des plus versés cependant dans la mécanique, a publié sur le vol de l'oiseau des calculs dont les conséquences étranges auraient dû faire conclure à leur inexactitude : le seul résultat de ces calculs fut néanmoins de discréditer le problème de l'aviation auprès des savants officiels, et de faire naître cette opinion absurde, encore aujourd'hui fort répandue, que le vol de l'oiseau est dû à une force extraordinaire et mystérieuse, dont lui seul de tous les êtres de la création serait doué.

Depuis lors, bien des Mémoires ont été publiés sur le même sujet, quelques-uns pleins d'aperçus ingénieux, de détails bien observés ; mais leurs auteurs, n'ayant pas pénétré au cœur de la question, n'ont pu donner le véritable mot de l'énigme.

Quelques-uns ont pensé que, pour se rendre compte d'un fait purement mécanique, il fallait se garder de recourir au calcul et à l'analyse des forces en jeu dans la machine vivante de l'oiseau ; qu'il suffirait d'une étude vague et superficielle du phénomène complexe qu'elle présente, pour en pénétrer le secret. D'autres, effrayés de l'énorme force motrice que les ralculs de Navier supposaient dans l'oiseau, ont eu recours aux hypothèses les plus chimériques pour expliquer son mouvement dans l'air : ces efforts, ces écarts d'imagination n'ont abouti qu'à obscurcir la question et à retarder la solution du problème, en éloignant de son étude un grand nombre d'esprits qui eussent été capables de la mener à bonne fin.

On a donc commencé par dire : Il faut imiter l'oiseau ; puis on a décrit avec plus ou moins d'exactitude les apparences de son mouvement ; on a vu que l'aile prend son point d'appui sur l'air en le frappant fortement, verticalement pour se soutenir, obliquement pour se donner de la vitesse ; mais, quand il a fallu conclure et montrer comment on imitera l'oiseau, on a ajouté : Nous ferons des ailes plus tard, ou nous n'en ferons pas ; pour le moment, essayons de voler avec l'*hélice*.

L'idée de l'*hélice* est en effet séduisante au premier coup d'œil ; aussi s'est-elle répandue, et l'opinion qu'elle doit tôt ou tard réaliser la navigation aérienne a-t-elle encore beaucoup d'adeptes. Par la continuité de son mouvement circulaire, il semble qu'elle doive être plus avantageuse que tout autre engin de transmission de la force ; il n'en est pas ainsi dans ce cas, et l'oiseau vole à bien moins de frais ; je montrerai d'une manière incontestable, je crois, que théoriquement l'hélice exige, pour soutenir un poids donné, quarante à cinquante fois plus de force que l'artifice auquel est due la suspension de l'oiseau, et l'impossibilité de son emploi ne pourra plus alors être mise en doute, malgré quelques avantages qu'elle aurait d'ailleurs : il en est de même des *plans inclinés*, quelle que soit leur forme.

Il y a quelques années, plusieurs hommes d'esprit, de savoir et d'imagination, des savants à la tête de la science, animés du même enthousiasme pour le grand problème de l'aviation, se sont réunis en société et posés ainsi en précurseurs de la future navigation aérienne. Leurs efforts ont eu jusqu'à ce jour un succès incontestable ; ils ont réussi à faire cesser le discrédit dans lequel était tombée cette conception

— 5 —

depuis longtemps considérée comme chimérique. Les premiers Mémoires qu'ils ont publiés ont généralement développé la même idée, à savoir : que l'hélice remplacerait les ailes, mais toutefois que, pour employer l'hélice, il était nécessaire de réduire énormément le poids de la machine à vapeur actuelle. Cependant, en même temps, dans plusieurs de ces Mémoires, M. Liais décrivait exactement les apparences des principaux mouvements de l'aile de l'oiseau, mais sans chercher la loi mathématique de ce mouvement ni conclure à la possibilité de le réaliser, et se prononçant au contraire en faveur de l'hélice.

L'auteur d'un de ces Mémoires, le n° 6, entre dans une nouvelle voie et cherche à établir que l'oiseau vole en se laissant tomber et ouvrant brusquement ses ailes au moment où la vitesse de chute est assez grande pour que le choc de l'air produise sur l'aile un effort égal au poids à soutenir. Les affirmations et conclusions de ce Mémoire sont vagues et indécises ; l'auteur ne se prononce pas et ne laisse même rien entrevoir sur la manière dont il entend réaliser le vol de l'oiseau tel qu'il a cru l'expliquer ; ce qu'il affirme, mais ce qu'il ne prouve pas, c'est que l'oiseau dépense très-peu de force pour se soutenir : il est encore, je crois, bien loin de la vérité.

A peu près en même temps, dans un article du *Cosmos*, un ingénieur d'une grande habileté, opposant à l'idée de l'hélice le résultat de ses expériences, posait en principe que si un homme muni d'un appareil pour voler, pesant en tout 100^{kil}, par exemple, développait avec cet appareil une certaine quantité de travail, 10^{kgm}, je suppose, dans une seconde de temps, il devait pouvoir s'élever, dans le même temps, de $\frac{10}{100}$ ou $0^m,10$ de hauteur. Cela n'est vrai, même théoriquement, qu'en partie : si l'homme développe 10^{kgm} avec son appareil, cette quantité de travail est employée non-seulement à élever les 100^{kil} à une certaine hauteur, mais encore et surtout à mettre en mouvement l'air frappé par les ailes de l'appareil, quel qu'il soit, attendu que, dans ce cas, l'air mis en mouvement est bien loin de réagir, comme il le suppose, à la manière d'un ressort parfaitement élastique, et de rendre par sa détente la force employée à le comprimer. Théoriquement, l'appareil ne devra donc s'élever que d'une fraction des $0^m,10$, car le travail perdu est au moins égal au travail utile, même sans tenir compte des frottements de la machine et des autres causes de perte de force. Ce qu'il y a de neuf dans le Mémoire de M. Seguin, c'est qu'il se prononce formellement contre l'emploi de l'hélice et affirme qu'on ne volera qu'en imitant les ailes de l'oiseau; mais il n'examine pas non plus de quelle façon agissent les forces en jeu dans cette aile, et pourquoi l'hélice doit être abandonnée : son opinion est certes d'un grand poids, mais il ne donne pas de démonstration de la vérité qu'il affirme, ni de moyen de réaliser cette vérité.

Je ne pousserai pas plus loin l'examen de ce qui a été écrit de plus saillant sur ce sujet; si l'on veut plus de détails, on peut recourir aux Mémoires que j'ai cités et aux articles qui ont été publiés dans diverses revues scientifiques et même littéraires. Je passe à l'exposé de mes propres études sur le vol aérien.

CHAPITRE III.

PROBLÈME DE L'AVIATION MÉCANIQUE. — SUSPENSION DE L'APPAREIL.

Il serait à la fois insensé et puéril de chercher à imiter, dans un dispositif mécanique, tous les mouvements les plus capricieux et les plus variés de l'oiseau. Cette imitation serait certainement au-dessus du génie de l'homme; tout ce qu'il peut et doit raisonnablement espérer, c'est de faire un appareil qui se soutienne dans l'air, s'y élève et s'y abaisse, se meuve en ligne droite ou courbe et s'arrête à volonté; s'il réalise ces mouvements simples, ce qui déjà n'est pas si facile, il imitera l'oiseau comme le vaisseau imite le poisson, il aura résolu le problème de la navigation aérienne et conquis l'espace qu'il ambitionne.

Le phénomène capital, dans le vol de l'oiseau, c'est la suspension. La progression, le vol s'effectuent simplement par un léger déplacement du plan de l'aile. Pour expliquer cette suspension, il est inutile, il serait d'ailleurs impossible, de soumettre à l'analyse un oiseau réel, tel qu'une hirondelle, un pigeon, avec leurs formes si complexes, si variables, leurs ailes d'un mécanisme si parfait, si mobiles et si souples.

Oiseau mécanique.

Je vais donc considérer un oiseau fictif, tel que la science humaine peut le réaliser : un corps d'une forme quelconque,

cylindrique par exemple, *a*, muni de deux ailes *oc* susceptibles de tourner autour des charnières *b*, lesquelles ont leur
axe dirigé suivant une génératrice du cylindre. Ces ailes seront
d'une forme quelconque, mais planes, par exemple un paral-
lélogramme rectangle : le mouvement de rotation autour des
charnières *b* peut leur être donné de deux manières différentes :

1° Par le ressort *oe* (*fig.* 1, *Pl. I*), fixé dans le bas au corps
cylindrique, et à son autre extrémité, en *o*, aux deux ailes
qu'il fait baisser en s'allongeant, et relever en se raccourcis-
sant, absolument comme les deux rames d'un bateau.

2° Par deux ressorts *oe* (*fig.* 2, *Pl. I*), qui se raccourcissent
pour faire baisser les ailes, et s'allongent pour les relever. Ces
deux dispositions sont un peu différentes, et la seconde est
plus conforme à ce qui doit se passer réellement dans l'aile de
l'oiseau, où le mouvement est produit par un muscle abaisseur
qui saisit l'aile en avant de la charnière : avec la première, on
se rend peut-être plus facilement compte du jeu des forces,
mais, du reste, elles produisent toutes deux le même effet.

Il est évident que l'un quelconque de ces appareils, repré-
sentant l'ensemble de la charpente et des principaux muscles
moteurs d'un oiseau quelconque, doit pouvoir produire le
mouvement simple de battement par lequel l'oiseau se soutient
un instant dans l'air, sans avancer, c'est-à-dire pendant un
seul battement descendant de son aile. Je le suppose donc
placé dans l'air, le cylindre *a* horizontal, et le ressort *oe*
(*fig.* 1, *Pl. I*) prêt à s'allonger pour faire descendre les deux
ailes.

Cet appareil va se trouver, par rapport à la pesanteur qui
tend à le faire tomber, exactement comme un bateau remor-
queur sur une eau immobile, par rapport à la force de traction
qu'il a à exercer, en s'aidant de ses deux rames : l'analogie est
complète ; la seule différence qu'il y ait, c'est que les rames
vont pousser un fluide incompressible et lourd, les ailes un

fluide compressible et léger; les ailes devront se mouvoir avec plus de vitesse et avoir plus de largeur que les rames, voilà toute la différence.

Analogie entre l'oiseau qui vole et le bateau qui rame.

L'analogie de l'oiseau qui vole avec le bateau qui rame est si évidente, au premier coup d'œil, qu'on a appelé *vol ramé* celui dans lequel l'oiseau se soutient et s'avance au moyen de battements réguliers; mais ceux-là même qui ont le mieux décrit les mouvements apparents de l'oiseau n'ont pas poussé plus loin l'étude de cette analogie et se sont contentés de dire : L'oiseau *vole* comme le bateau rame, quand ils auraient dû se borner à dire : L'oiseau se *soutient* comme le bateau rame; c'est là cependant qu'est le secret principal du vol de l'oiseau, et cette étude va nous révéler le véritable artifice d'une suspension qui lui coûte infiniment moins de travail et d'efforts qu'on ne l'a généralement supposé. On a cru qu'en frappant sur l'air, l'aile y trouvait directement une résistance égale au poids du corps à soutenir: c'est une erreur; cette résistance, variable du reste suivant le besoin qu'éprouve l'oiseau de s'élever plus ou moins vite, n'est guère que le dixième au plus, et même le quarantième de ce poids : par quel artifice en résulte-t-il que le poids tout entier est soutenu? c'est précisément ce que je vais expliquer.

Considérons un bateau (*fig.* 3, *Pl. I*), avec ses rames *obc*, fixées au bateau par les charnières *b*, le rameur faisant effort sur chacune d'elles, au point *o*; et, pour n'avoir pas à tenir compte des composantes de l'effort et des résistances, obliques à la direction du mouvement, prenons les rames au moment où elles agissent perpendiculairement à la direction de la marche du bateau; supposons en outre que tous les efforts ont lieu dans un même plan horizontal.

Pour augmenter l'analogie de ce bateau avec l'oiseau tiré verticalement par la pesanteur, supposons-le immobile et tiré horizontalement, dans le sens de sa longueur, par un ressort produisant une traction 2R égale à la résistance totale que le liquide opposerait à sa marche s'il s'avançait avec une certaine vitesse ; l'effort du rameur ayant alors pour but de vaincre la traction 2R et de s'avancer, ou au moins de maintenir le bateau en place et de résister à la traction qui l'entraîne en arrière.

Je désigne par f l'effort exercé par le rameur parallèlement à l'axe du bateau, ou perpendiculairement à la rame, sur chacune d'elles ;

Par r l'effort de résistance que l'eau oppose au mouvement du centre de la palette, dans le sens de l'axe du bateau, quand ce centre se meut avec une vitesse V.

Dans quel rapport devront se trouver les forces f, r et R, ainsi que les longueurs des bras de levier ob et bc? c'est ce qu'il faut d'abord déterminer.

Il suffit de considérer ce qui se passe dans une des rames. Concevons que l'effort f agisse pendant un temps très-court, de manière à produire un effort égal à r sur le centre de la palette : la rame aura pris la position très-voisine $o'b'c'$; le point d'application o se sera avancé en o', le point d'attache b se sera avancé de bb', ainsi que tout le bateau, et le centre de la palette aura reculé de cc'.

Le point x, intersection de la position initiale de l'axe de la rame et de sa position après le mouvement, se trouvera en dehors du point b. Si l'effort r produit n'eût pas été suffisant, le bateau aurait reculé et le point x serait placé en dedans de b.

Pendant ce mouvement élémentaire, il est évident que les efforts f, r et R se combinent ensemble de manière à faire naitre au point b une force égale et contraire à R qui fait avancer le bateau : il est clair aussi que toutes ces forces doivent se faire équilibre autour du point x.

En vertu du principe des vitesses virtuelles, la somme du produit des trois forces par les espaces très-petits qu'ont parcourus leurs points d'application doit être nulle, et l'on doit avoir l'égalité

$$f(oo' - bb') - \mathrm{R}\,bb' - rcc' = 0,$$

ou, en remplaçant les espaces parcourus par les bras de levier qui leur sont proportionnels,

$$f.b - \mathrm{R}x - r(\mathrm{B} - x) = 0.$$

Analysons maintenant la manière dont ces forces se font réellement équilibre autour du point x.

On peut, par la pensée, diviser l'effort f en deux parties f' et f'' qui agissent comme il suit : l'effort f' tend à produire en b un effort égal et contraire à R, en prenant appui sur le point x et produisant ainsi sur ce point une pression verticale de haut en bas, égale à R. Comme le moteur est sur le bateau, et fait effort en prenant appui sur le bateau, l'effort f' qui s'exerce en o fait naître inévitablement en b un effort égal à f', mais en sens contraire, d'où résulte l'égalité des moments,

$$(1) \qquad f'(b + x) - f'x = \mathrm{R}x \quad \text{ou bien} \quad f'b = \mathrm{R}x.$$

De même l'effort f'' se combinera avec la résistance r pour faire naître en x une résultante égale à R, mais en sens contraire de la première ; en sorte que le point x, sollicité par deux efforts égaux, mais en sens contraires, reste immobile. L'effort f'' faisant naître d'ailleurs au point b un effort égal et en sens contraire, on a l'égalité

$$(2) \qquad r(\mathrm{B} - x) = f''(b + x) - f''x = f''b,$$

et

$$(3) \qquad r + f'' = \mathrm{R},$$
$$(4) \qquad f' + f'' = f.$$

Ces quatre égalités déterminent toutes les conditions auxquelles sont assujettis les divers efforts en jeu ; il en résulte

$$f' = \frac{R\,x}{b}, \quad f'' = R\,\frac{B-x}{b}, \quad f = f' + f'' = \frac{R\,x}{b} + r\,\frac{B-x}{b},$$

et

$$r + r\,\frac{B-x}{b} = R,$$

ou bien

Lois du mouvement de la rame.

(5)
$$r = \frac{R\,b}{B + b - x}$$

et

(6)
$$f = \frac{R\,x}{b} + R\,\frac{B-x}{B + b - x}.$$

Les égalités (5) et (6) montrent que :

Si on se donne *à priori* les longueurs B et *b*, ainsi que la valeur des efforts *f* et R, on en déduit la valeur de la résistance *r* et celle de la longueur x, longueur qui détermine la quantité dont le bateau avancera à chaque coup de rame, pour un certain arc *oo'* décrit par le point d'application de la force *f*.

Toutes ces quantités étant ainsi déterminées de manière que l'équilibre dynamique ait lieu pendant un petit déplacement de la rame, il est facile de voir que l'équilibre ne cessera pas dans les autres positions obliques, si l'on suppose que les efforts *f*, *r* et R agissent toujours avec la même valeur, dans le sens de l'axe du bateau, ou du moins conservent toujours les mêmes rapports, ou bien encore que les composantes de ces efforts, parallèles à la direction de l'axe, conservent les mêmes rapports, les composantes perpendiculaires se détruisant alors deux à deux. Les relations ci-dessus déterminent donc les rapports des quantités *f*, *r*, R, *b* et B, pour une amplitude quelconque du mouvement des rames, et dans ces conditions particulières.

Lois du mouvement des ailes de l'oiseau mécanique. — Principe fondamental de la suspension de l'oiseau.

L'appareil représenté *fig.* 2, 4, *Pl. I*, diffère du premier en ce que dans celui-ci la résistance R est appliquée à chaque rame entre les points d'application de la résistance *r* et de l'effort *f*, tandis que dans le second la résistance à vaincre R est appliquée à l'extrémité de la rame; mais les relations entre *f*, *r*, R, B et *b* seront exactement les mêmes, si dans le deuxième cas on désigne par *b* l'intervalle entre les points d'application de *f* et de R, par B la longueur entre les points d'application des deux résistances *r* et R, c'est-à-dire le bras de levier total; par *x* la distance du point d'application de la résistance R au point d'intersection des deux positions successives de la rame.

En effet, comme dans le premier cas, il faut remarquer que le moteur étant sur le bateau, l'effort *f* exercé en *o* fait naître un effort semblable, mais en sens contraire, en *b* : on peut, par la pensée, diviser l'effort *f* en deux parties, *f'* et *f''*, dont l'une *f''*, agissant en *o* et *b*, fait équilibre à l'effort R autour du point *x*, si l'on pose l'égalité

$$f''.b = \mathrm{R}\,x,$$

et produit par conséquent en *x* une résultante verticale égale à R.

L'effort *f'* se combine de même avec *r* pour lui faire équilibre autour du point *x*, et produire en ce point une résultante égale mais contraire à la première, si l'on fait

$$f'b = r(\mathrm{B} - x) \quad \text{et} \quad f' + r = \mathrm{R};$$

on a d'ailleurs

$$f = f' + f'';$$

il en résulte, après les calculs et substitutions,

$$(7) \qquad f = \mathrm{R}\left(\frac{x}{b} + \frac{\mathrm{B} - x}{\mathrm{B} + b - x}\right)$$

et

$$(8) \qquad r = R\, \frac{b}{B + b - x}.$$

Enfin on a, d'après le principe des vitesses virtuelles, la relation

$$(9) \qquad fb - R\,x - r(B - x) = o,$$

qui se vérifie par la substitution des valeurs de f et r ci-dessus.

Abandonnons maintenant l'hypothèse du bateau, par laquelle j'ai voulu faire passer l'esprit du lecteur, parce qu'on est plus familiarisé avec l'idée du bateau s'avançant au moyen de l'effort des rames, qu'avec celle d'un appareil se soutenant dans l'air par un moyen analogue, et supposons l'appareil *fig.* 1 ou *fig.* 2 suspendu dans l'air, comme j'ai déjà dit.

Il est évident que si l'on remplace la traction totale 2R par le poids total de l'appareil suspendu verticalement au point d'attache b des deux ailes; si l'on suppose installé sur le bateau aérien un moteur quelconque qui produise sur le point o de chaque rame une traction verticale égale à f, *en même temps qu'il produira par réaction, sur le point* b, *un effort vertical de bas en haut égal à* $2f$; si au point c, extrémité de la rame, on conçoit fixé le centre d'une aile plane, constamment horizontale et d'une étendue suffisante pour faire naître par son mouvement vertical dans l'air, avec la vitesse qui résultera de l'effort f, une résistance égale à r; il est évident, dis-je, que si on fait agir les forces f de manière que chaque bras B décrive un arc d'une certaine amplitude, et si les efforts r, f et R, tous dirigés verticalement, ainsi que les longueurs B et b, sont entre eux dans les rapports calculés ci-dessus, l'appareil non-seulement se maintiendra dans l'air pendant toute la descente des ailes, mais encore remontera ou descendra pendant ce temps d'une quantité variable avec la longueur x, c'est-à-dire avec la valeur de l'effort f, comme aussi avec l'amplitude de la course de l'aile, ainsi que je vais le faire voir.

Les égalités (7), (8) et (9) sont donc l'expression des principes qui vont nous guider et nous servir de point de départ pour la disposition de notre appareil aérien.

Cas particuliers du mouvement des ailes de l'oiseau mécanique.

Remarquons que les égalités (7) et (8) permettent de se donner à volonté quatre des indéterminées qui y figurent. R, la moitié du poids de l'appareil, r la résistance de l'aile, résistance qui dépend de son étendue et de la vitesse que, suivant les dimensions de l'appareil, il conviendra de choisir, ayant été d'abord fixés, on déterminera b et x par les considérations que je développerai plus loin; pour le moment je ferai remarquer :

1° Que, si $x = 0$,

$$f = \mathrm{R}\,\frac{\mathrm{B}}{\mathrm{B}+b} \quad \text{et} \quad r = \mathrm{R}\,\frac{b}{\mathrm{B}+b}$$

ou

$$(10) \qquad f = r\,\frac{\mathrm{B}}{b}.$$

Dans ce cas, le point d'attache b des ailes restera immobile pendant le battement descendant, c'est-à-dire que l'appareil ne s'élèvera ni ne descendra, et tout le travail moteur développé, qui est proportionnel à $f.b$, sera employé à vaincre la résistance r dont le travail est proportionnel à $r.\mathrm{B}$.

2° Que si x augmente, f doit augmenter.

Dans ce cas, le point d'attache des ailes ou l'appareil entier s'élève, pendant le battement descendant, d'une quantité proportionnelle à x, et le travail moteur proportionnel à $f.b$ est égal au travail *utile* résultant de l'élévation de l'appareil et proportionnel à Rx, plus le travail perdu par la résistance r et proportionnel à $r(\mathrm{B} - x)$.

3° Que si x est négatif, plus petit que zéro, f doit diminuer au-dessous de la valeur $R \dfrac{B}{B+b}$; dans ce cas l'appareil, au lieu de s'élever, descendra, pendant le battement, d'une quantité proportionnelle à x : le travail moteur $f.b$, plus le travail Rx, est égal au travail consommé par l'aile, $r(B+x)$.

Ainsi, quelle que soit la valeur qu'on donne à f et à x, on voit que, pendant le battement descendant des deux ailes, l'appareil se maintiendra dans l'air, soit immobile à la même hauteur, soit montant, soit descendant d'une certaine quantité qui dépendra de x, et par conséquent de f, et de l'amplitude de l'arc décrit par les bras B des ailes.

Disposition d'ensemble de l'oiseau mécanique à ailes parallèles; système simple ou élémentaire.

Si donc on suppose que l'appareil est muni de deux autres ailes, en tout semblables aux premières, fixées à la même charnière b, de façon que les unes commencent à descendre au moment même où les autres arrivent au bas de leur course et commencent à remonter, et que celles-ci n'éprouvent que peu ou point de résistance de la part de l'air dans leur ascension, il est évident que l'appareil total ou restera constamment à la même hauteur, ou s'élèvera, ou descendra, à chaque battement descendant, de la même quantité que ci-dessus; en sorte que l'appareil volant ainsi composé sera déjà susceptible de s'élever, de descendre ou de rester stationnaire dans l'air.

Je n'entrerai pas encore dans le détail des dispositions par lesquelles je compte réaliser cet effet; je me bornerai pour le moment à décrire l'ensemble de la disposition générale, que je crois la plus simple, et qui constitue en quelque sorte l'élément essentiel de la disposition définitive de l'appareil complet et pratique, composé de deux éléments semblables.

Qu'on se figure deux bras ou leviers cd', $c'd$ (*fig. 6, Pl. I*) indépendants l'un de l'autre, et pouvant se mouvoir dans deux plans verticaux parallèles, très-rapprochés, autour du même tourillon horizontal b qui traverse leur milieu.

Ces deux bras sont égaux en longueur au double de ce que j'ai représenté ci-dessus par B; dans le mouvement qu'ils reçoivent, leurs extrémités c, d, c', d' décrivent un arc de cercle dont la corde verticale est égale à la course qu'on veut donner au centre des ailes, c'est-à-dire au point où est appliquée la résistance r.

Les extrémités opposées c et c' des deux bras s'articulent chacune avec une tige verticale ca, $c'a'$, de même longueur que la corde de l'arc ci-dessus, ou un peu plus grande, et les extrémités a et a' saisissent une aile circulaire, à peu près plane, dont le centre, percé d'une ouverture, est traversé par une tige verticale be, à laquelle est fixé le tourillon b, et suspendue la nacelle avec le moteur qu'elle porte; l'aile se meut le long de la tige be qui guide son mouvement.

Les deux autres extrémités d, d' des deux bras s'articulent de la même façon avec les deux tiges verticales dA, d'A', d'une longueur double des tiges ca, et dont les extrémités A, A' saisissent une aile semblable à la première, traversée comme elle par la tige be; les tiges dA, d'A' traversent la première aile. Les deux bras cd' et $c'd$ portent chacun, à une distance du tourillon commun b, égale à ce que j'ai appelé b, un autre tourillon o et o' : ces deux points sont saisis chacun par l'extrémité coudée st du piston du cylindre à vapeur qui donne le mouvement. Cette tige st se meut verticalement et dans l'axe de la tige directrice be; on voit que sa course ascendante et descendante étant réglée en conséquence, les points o et o' seront alternativement tirés et poussés par cette tige avec un effort vertical constant qui pourra être calculé de façon à être égal à ce que j'ai appelé f; et par l'intermédiaire du tourillon b le moteur exercera aussi en ce point un effort vertical égal à $2f$, en sorte que l'ensemble des deux bras fonctionnera comme l'appareil (*fig.* 1, *Pl. I*) à la montée de la tige *st*, et comme l'appareil (*fig.* 2, *Pl. I*) à sa descente : l'aile supérieure A A' descendra jusqu'au milieu de l'intervalle *a′* A' pendant que l'aile inférieure remontera jusqu'au même point, et réciproquement; et si leur surface est convenablement calculée, chacune d'elles éprouvant à la descente une résistance égale à deux fois ce que j'ai appelé *r*, les extrémités des bras de levier B seront constamment tirés, à la descente, par une force verticale égale à *r*, l'équilibre aura lieu constamment et l'appareil d'un poids total égal à 2R se maintiendra dans l'air, ainsi que je l'ai déjà expliqué, soit à la même hauteur, soit s'élevant, soit descendant à chaque battement d'une même quantité variable avec l'effort 2*f* exercé par le moteur. On voit tout d'abord que, pour que les choses se passent ainsi, il faut encore deux conditions : la première que les battements descendants se succèdent sans interruption, la seconde que l'aile remontante n'éprouve aucune résistance de la part de l'air.

Admettons pour un instant que la première condition est satisfaite; quant à la seconde, elle ne peut l'être d'une manière absolue : pour qu'elle le soit autant que possible, l'aile sera composée d'une charpente très-légère (*fig.* 21, *Pl. III*) sur laquelle reposera un treillis en fil de cuivre, dont l'ensemble ne présentera à l'air que $\frac{1}{20}$ environ de la surface totale de l'aile; sur ce treillis sera disposé un système de bandes parallèles en toile légère, mais ferme, d'une petite largeur, se fermant toutes ensemble à la descente et s'ouvrant à la montée, de manière à ne présenter à l'air qu'une résistance égale à $\frac{1}{20}$ de la résistance à la descente. Je ne tiendrai pas compte, dans les raisonnements qui vont suivre, de cette résistance à la montée, il suffirait pour y avoir égard de supposer augmentée dans le même rapport la force 2*f* qui agit sur l'aile descendante. Je ferai remarquer, en outre, que l'équilibre entre les diverses forces n'aurait lieu d'une manière rigoureusement conforme à ce que j'ai dit, que si les tiges qui tirent les ailes restaient verticales dans leur mouvement de descente, tandis que leur extrémité inférieure s'écarte de toute la valeur de la corde de l'arc décrit par le bout des leviers c, d; mais la différence qui en résulte est trop faible pour qu'il soit nécessaire d'en tenir compte dans la pratique.

Le dispositif dont je viens d'indiquer l'ensemble ne diffère en réalité et essentiellement de l'appareil de l'oiseau vivant qu'en ce qu'il est muni de deux ailes doubles exerçant un effort continu de soulèvement, tandis que l'oiseau n'a que deux ailes simples produisant le même effet qu'une seule de ces ailes doubles. Comment néanmoins l'oiseau se soutient-il, je l'expliquerai plus loin et je montrerai en même temps que l'appareil mécanique pourrait probablement aussi voler avec une seule aile double, c'est-à-dire se transporter, mais non se soutenir dans le même point de l'espace. Du reste, l'oiseau vivant, comme on l'a déjà observé depuis longtemps, éprouve lui-même une très-grande difficulté à se soutenir au même point sans se transporter horizontalement.

Ailes tournantes, leur action sur l'air.

L'aile double de l'oiseau mécanique, au lieu d'être disposée de manière à se mouvoir parallèlement et à exercer sur l'extrémité des bras B une traction verticale, constante, égale à r, pourrait tout aussi bien agir comme celle de l'oiseau vivant; il suffirait pour cela que la surface plane de l'aile s'étendît entre la charnière et l'extrémité du bras, son plan passant par l'axe de la charnière. Il convient de montrer comment, dans ce cas, on calculerait la résistance r et le centre de cette résistance.

L'aile de l'oiseau, quand, dans les battements réguliers et simples du vol horizontal et en ligne droite, elle reste développée, peut être assimilée à une surface plane se mouvant autour d'une charnière; en réalité, elle est le plus souvent concave par dessous, mais cela ne fait qu'augmenter le coefficient de la résistance de l'air. Cette surface n'est pas géométriquement limitée, elle est plus large au milieu qu'à la base et se termine généralement en pointe ; mais peu importe pour le but que je me propose ici.

Supposons donc une aile rectangulaire d'une longueur L (*fig. 7, Pl. I*) et d'une largeur h ; tournant avec une vitesse quelconque, égale à V pour l'élément de surface situé à une distance de la charnière égale à l'unité ; je représente par k le coefficient de la résistance de l'air, que détermine l'expérience ; par l la distance à la charnière d'un élément de surface, de la largeur constante h et d'une longueur infiniment petite dl.

La résistance opposée par l'air, perpendiculairement à la surface de l'aile, sur l'élément $h\,dl$, est égale à

$$k\,h\,dl\,v^2\,l^2,$$

puisqu'on sait que cette résistance est proportionnelle au carré de la vitesse. On en déduit pour la résistance totale sur l'aile

$$k h v^2 \int_0^L l^2\,dl = k\,h v^2 \frac{L^3}{3}.$$

Le moment de la résistance d'un élément par rapport à la charnière b est

$$k h v^2 l^2\,dl\,l = k h v^2 l^3\,dl;$$

la somme de ces moments est

$$k h v^2 \frac{L^4}{4}.$$

Cette somme, divisée par la résistance totale ci-dessus, donne la distance à la charnière du point d'application de la résultante de cette résistance, qui est par conséquent égale à

$$\frac{3}{4} L = \frac{k h v^2 \dfrac{L^4}{4}}{k h v^2 \dfrac{L^3}{3}}.$$

Soit u le point d'application de cette résultante um que je représente par r', et qui est dirigée perpendiculairement à la surface de l'aile. Cette force r' peut être remplacée par une composante verticale r et une autre composante ut dirigée dans l'axe du bras B. Si l'on veut appliquer les formules (7), (8) et (9) au cas de l'aile tournante, il faudra donner à r la valeur de la composante ci-dessus um', valeur variable avec l'angle α que fait le bras B avec l'horizontale et qui est égale à $\dfrac{r'}{\cos\alpha}$. r sera égal à r' quand $\alpha = 0$, c'est-à-dire quand le bras B est horizontal; si donc on détermine *à priori* b et B ainsi que r pour le cas de $\alpha = 0$, on voit que dans les positions supérieures et inférieures, la valeur de f qui produit l'équilibre sera variable, et par suite la vitesse du mouvement de rotation sera variable aussi.

Quant à la composante ut, variable depuis zéro jusqu'à $r'\tang\alpha$, elle produit sur la charnière b une composante verticale égale à $2r'\dfrac{\sin^2\alpha}{\cos\alpha}$, qui tend à augmenter d'autant le poids $2R$ à soutenir. Il est facile de voir, avec un peu d'attention, que si la valeur de l'effort f est constante et déterminée de façon qu'il y ait équilibre dans la position supérieure de l'aile et pour un poids à soutenir égal à $2R - 2r'\dfrac{\sin^2\alpha}{\cos\alpha}$, la vitesse du mouvement ira en augmentant jusqu'à la limite de la course inférieure de l'aile; toutefois c'est ici le cas de faire une remarque sur laquelle je reviendrai plus loin, c'est que ces variations seront faibles, attendu que dans la pratique r sera beaucoup plus petit que R : dans l'appareil mécanique r sera toujours au-dessous de $\dfrac{R}{30}$; dans l'oiseau vivant, ce rapport, très-variable, ne dépasse probablement pas $\dfrac{1}{10}$, et est habituellement beaucoup plus faible.

Ce qui précède suffit pour montrer que les ailes de l'oiseau mécanique fonctionneraient tout aussi bien, tournant autour d'une charnière horizontale, et d'après les lois contenues dans les formules (7), (8) et (9); mais il serait difficile, pour ne pas dire impossible, de combiner ensemble quatre grandes ailes, marchant deux à deux, d'après ce système. De plus, cette disposition aurait l'inconvénient, comme on le verra plus tard, de présenter beaucoup plus de prise au vent dans le mouvement de translation.

Combinaison de l'aile parallèle et de l'aile tournante.

On pourrait toutefois combiner les deux systèmes, comme le représente la *fig.* 8, *Pl. I*, disposer au-dessus une aile double horizontale, et au-dessous deux ailes tournant autour de la charnière, mais ne portant de toile qu'au delà de la longueur B des bras; ces deux dernières ailes fonctionneraient ensemble, et il serait facile de calculer leur superficie de manière à se prêter à la valeur de r et de f calculée pour l'aile supérieure. Cette superficie serait plus faible, attendu que leur vitesse serait plus considérable. Je présenterai d'ailleurs ces calculs pour une dimension d'essai et pour les deux cas.

CHAPITRE IV.

MOUVEMENT DE L'OISEAU MÉCANIQUE, OU APPAREIL ÉLÉMENTAIRE.

Du vol vertical.

Je reviens aux formules (7), (8) et (9).

Les quantités f, R, r, B et b étant choisies ou déterminées de manière à satisfaire au cas où $x = 0$, on voit que l'étendue de l'aile pourra être très-variable; plus elle sera grande, plus, r restant le même, diminuera la vitesse du mouvement de l'aile, ainsi que celle du point d'application du moteur f, et par suite le travail moteur dépensé par seconde, comme le travail représenté par le produit de l'effort r multiplié par sa vitesse : remarquons que les formules sont indépendantes de l'amplitude du battement de l'aile; tant que l'oiseau mécanique voudra simplement se soutenir à la même hauteur, quelle que soit l'amplitude du battement, le travail dépensé par seconde sera toujours le même; parce que, si ces battements sont plus courts, ils seront plus fréquents, et qu'en définitive ils doivent se succéder sans interruption.

Il en sera de même encore si l'oiseau veut s'élever : si on donne alors à x une certaine valeur, b et B ne peuvent varier; mais r et f vont augmenter; toutefois, b ne pouvant être que très-petit par rapport à B, et x ne pouvant non plus augmenter beaucoup, surtout dans l'oiseau mécanique, on voit que r variera fort peu; par suite, la vitesse du mouvement de l'aile restera presque sensiblement la même : quant à la valeur de f, elle se compose de deux termes dont l'un, le second, variera très-peu, mais le premier augmentera rapidement; de $x = o$ à $x = b$ la valeur de f doublera presque, et comme le moteur ne pourra produire qu'un effort très-limité au-dessus de la valeur minimum, qui est presque égale au poids à soulever, que b ne saurait avoir plus de quelques centimètres, 5 à 10 suivant les cas, on voit que l'oiseau mécanique ne devra, par seconde, s'élever que de quelques centimètres; mais, même dans ce cas, le travail dépensé par seconde ne variera qu'avec x et f, et non avec l'amplitude du battement. Cette amplitude ne sera donc déterminée que par les considérations de la forme, de la hauteur, etc., à donner à l'appareil après la fixation des autres données relatives aux formules ci-dessus.

Il faut remarquer aussi que r dépend du rapport de b à B; que, par conséquent, si, b restant le même, B augmente, alors r diminue; et si on laisse à l'aile la même étendue, on diminuera le travail effectif dépensé par l'oiseau pour se soutenir : donc, théoriquement, en augmentant indéfiniment la longueur B sans changer b, ou le rapport de ces longueurs, on diminuerait indéfiniment la valeur de r, et par suite le travail dépensé; mais on ne peut dire d'une manière absolue que plus la vitesse de l'aile sera faible, plus le travail dépensé sera faible; car, si on diminue r, on pourra, en diminuant l'étendue de l'aile, augmenter sa vitesse sans augmenter pour cela le travail dépensé. Toutefois, il faut remarquer que, dans la pratique, le rapport de b à B a des limites qu'on ne saurait dépasser; dans l'oiseau vivant de même, non-seulement parce que l'articulation des charnières exige une certaine dimension pour être suffisamment forte, mais encore parce qu'il faut que l'oiseau vivant, surtout, puisse à volonté s'élever à chaque coup d'aile d'une certaine hauteur, et que cette hauteur, toutes choses égales d'ailleurs, sera d'autant plus grande que b sera plus grand. Ces considérations, qui seront complétées par d'autres, permettent déjà de s'expliquer pourquoi les oiseaux qui volent longtemps ont ou l'aile très-longue, ou l'aile très-large à l'extrémité. Cette aile est construite de manière à être mise en mouvement comme celle de l'appareil mécanique; ce mouvement, ou l'effort f, est produit par les muscles abaisseurs qui saisissent l'aile en avant de l'articulation, à une distance b de cette articulation variable non-seulement suivant l'espèce, mais variable dans chaque individu, suivant la tension des muscles et l'effet qu'il veut produire. A l'effet de cet effort vient se joindre celui qui résulte de l'incurvation plus ou moins grande de la surface de l'aile, du ploiement d'une partie de cette aile pour en diminuer la surface, suivant les inflexions à donner au mouvement général; mais ces modifications à l'ensemble du mouvement n'empêchent pas que cet ensemble ne soit produit, comme je l'ai expliqué, par l'action de la résistance verticale r à l'extrémité d'un levier qui soulève le poids total de l'oiseau pendant le mouvement descendant de son aile, d'une quantité proportionnelle à ce que j'ai désigné par x, résistance dont la valeur, par rapport au poids de l'oiseau, est donnée par l'égalité

$$r = \mathrm{R}\,\frac{b}{\mathrm{B}+b}:$$

on voit combien cette résistance est inférieure au poids de l'oiseau, sans qu'il soit toutefois possible d'évaluer exactement ce rapport, la valeur de b étant très-variable et ne pouvant être assignée exactement que dans un appareil mécanique.

*Du plan incliné ou de l'hélice comme moyen de suspension :
son action comparée à celle des ailes.*

On peut voir aussi déjà combien cet artifice de suspension l'emporte sur la suspension directe que produirait une hélice ou un plan incliné, sous le rapport du travail développé. Dans l'appareil de l'oiseau, mécanique ou vivant, un poids considérable R est tenu en équilibre dynamique par l'effet d'une petite force se mouvant verticalement avec une grande vitesse : l'équilibre résulte de l'égalité des produits de chaque force par l'espace qu'elles parcourent dans le sens de leur direction, c'est-à-dire verticalement. L'hélice, n'ayant pas de mouvement vertical, ne peut donner un équilibre dynamique de même nature; elle ne peut soutenir le poids que par un équilibre statique, en exerçant une *traction verticale égale au poids à soulever*, c'est-à-dire une traction 20, 30 fois au moins plus considérable que la résistance ci-dessus *r*. Cette résistance *r* s'obtient par le mouvement vertical d'une certaine surface S se mouvant parallèlement à elle-même, c'est-à-dire sans rien perdre de l'effort strictement nécessaire pour la produire : l'hélice, au contraire, faisant mouvoir une surface plus ou moins inclinée sur la direction de son mouvement horizontal, sa composante verticale ou traction ne sera qu'une partie de la résistance que la même surface S se mouvant avec la même vitesse, c'est-à-dire dépensant la même quantité de travail, obligera à faire naître.

Théoriquement, la quantité de travail à développer avec l'hélice pour obtenir la suspension du même poids R sera donc 40 ou 50 fois au moins plus considérable; mais l'hélice aurait bien d'autres inconvénients : employée à soutenir un poids, elle forme un système en équilibre instable dans l'espace, et que la moindre inégalité entre la traction et le poids supporté fera monter comme une fusée, ou redescendre à terre avec une vitesse croissante; ce système sera aussi difficile à maintenir à une hauteur constante que l'aérostat, et avec ce désavantage sur lui que, présentant moins de surface à l'air, il montera avec plus de vitesse ou descendra de même. Ce système serait donc inadmissible dans la pratique quand bien même, ce qui parait complètement impossible, on parviendrait à trouver un moteur à la fois assez fort et assez léger pour qu'il pût se soutenir lui-même. Enfin, et ceci deviendra beaucoup plus évident par les développements qui suivront, l'hélice, par sa forme et la nature de son mouvement, trouverait une énorme résistance dans l'air à un mouvement de translation rapide.

Je reviens au mouvement de l'appareil mécanique.

Avant de calculer les dimensions et proportions des parties principales de cet appareil, de décrire son moteur et tous les autres détails de sa construction, il est nécessaire de montrer de quelle manière il va se mouvoir dans l'air.

Du vol de l'oiseau mécanique incliné ou horizontal.

J'ai dit que la tige directrice *be* était placée dans l'axe du cylindre moteur, et qu'elle portait suspendu le poids du moteur et de la nacelle qui l'enveloppe : les *fig.* 9 et 10, *Pl. I*, montrent l'ensemble du système parallèlement à l'axe de la nacelle, qui sera l'axe ou la direction du vol, et qui est perpendiculaire au plan des bras *cd'*, *c'd*. Cette suspension a lieu par les tourillons *j* du cylindre moteur s'il est oscillant : la tige *be* peut tourner autour du point *j* dans un plan vertical passant par l'axe de la nacelle, entraînant avec elle les bras, *cd'*, *c'd* et le cylindre moteur, mais non le reste du moteur ni la nacelle.

Le centre de gravité de tout l'ensemble est en G, sur la verticale et au-dessus de *j*. Je suppose la tige *be* verticale et maintenue dans cette position par rapport au reste de l'appareil, d'une manière fixe.

Si on fait mouvoir les ailes, il va se produire en *b* un effort vertical R qui tend à soulever tout le système : la direction de cet effort passant par le centre de gravité G, l'appareil ne se transportera pas horizontalement et restera sur la même verticale; il y sera dans un équilibre stable, car si la tige *bc* venait à pencher, le centre de gravité sollicité par la force R qui le tire et le soutient, et par la pesanteur, tendrait à tourner en descendant un peu et à se replacer sur la verticale *be* : l'appareil pourra donc se maintenir en l'air, monter et descendre sans dérangement.

Comment se produit la force de progression.

Mais qu'on vienne à incliner la tige en arrière dans la position *jb′e′* de quelques degrés seulement, 3 à 3 ½ degrés, le centre de gravité total G ne subira qu'un très-petit déplacement et se trouvera à la même hauteur, mais en avant de la direction de l'effort R. Ce centre tendant à descendre, la tige va tourner et s'incliner en avant (*fig.* 10, *Pl. I*), ainsi que toute la nacelle ; l'effort R′ se décompose alors en deux parties, l'une R passant par le centre de gravité et qui doit le soutenir, l'autre horizontale qui tend à entrainer tout le système en avant et à lui faire prendre une vitesse qui augmentera jusqu'à ce que la résistance de l'air lui fasse équilibre. Comme l'effort R′ agit toujours dans le sens de la tige *b′e′*, son point d'application étant d'ailleurs indéterminé, cet effort tend à faire tourner tout le système de plus en plus et le précipiterait à terre si la résistance de l'air n'avait pour effet d'arrêter ce renversement. Sa stabilité dépend du point d'application de la résultante de cette résistance ; si cette résultante, qui du reste devra être dans le même plan vertical que le centre de gravité, passe en *g* au-dessus de ce centre, le renversement aura lieu jusqu'à ce que le centre de gravité soit situé sur la verticale du point d'intersection de la tige *je′* et de la direction de la résistance de l'air en *g′* ; ce point *g′* devant alors être considéré comme le point d'application de l'effort R′, celui où a lieu la décomposition de cet effort en deux composantes, l'une verticale $R′\cos\alpha = R$ qui soutient le poids total ; l'autre horizontale, $R′\sin\alpha$, qui produit la vitesse de translation horizontale et qui est égale à la résultante de la résistance de l'air sur tout l'appareil, α étant

l'angle que dans cette position la tige $b'e'$ qui conduit les ailes
fait avec la verticale.

Stabilité de l'équilibre de l'appareil dans l'air.

Ainsi, dans ce cas, l'équilibre sera stable dans le sens du
mouvement de l'appareil, car il est facile de voir que si la
tige be s'inclinait un peu plus ou un peu moins que l'angle α,
elle tendrait à revenir à cet angle par une série d'oscillations
d'autant plus courtes que la distance $G\,g'$ sera plus grande. Il
est facile de voir aussi que latéralement l'équilibre sera stable
aussi, car si la tige s'inclinait à droite ou à gauche, la pesanteur qui s'exerce en G tendrait à ramener ce point dans le plan
vertical passant par la tige be et par l'axe de la nacelle.

Conditions de cette stabilité.

Ainsi, la stabilité dépend du point où s'exercera la résultante de la résistance de l'air, et il faudra disposer l'appareil
de manière que ce point soit un peu au-dessus du centre de
gravité total : les *fig.* 11, 12 et 13, *Pl. I*, montrent que l'équilibre ne sera stable que si le centre de gravité total se trouve
en avant de la direction de l'effort R′ et au-dessous du centre
de la résistance : si ce dernier centre était au-dessous du premier, l'appareil tendrait à se renverser et à se précipiter vers
le sol, quel que fût d'ailleurs l'effort R′ ; et si le centre de gravité, étant d'ailleurs au-dessous de l'autre, se trouvait en arrière de la direction be, cette tige se renverserait, et tout l'appareil marcherait par suite en arrière, se trouvant alors dans
les conditions de l'équilibre stable.

Quant aux oscillations d'avant en arrière dont je viens de
parler, et au renversement de la nacelle qui résulte de l'incli-

naison donnée à la tige *be*, je prie le lecteur de ne pas s'en préoccuper ; dans l'appareil *composé* que je considère comme vraiment réalisable et pratique, l'inclinaison des tiges *be* ne se communiquera pas à la nacelle, et les oscillations d'avant en arrière seront anéanties par l'effet de la réunion de deux appareils simples, ainsi que je l'expliquerai plus loin.

Toutefois, pour plus de simplicité, je continuerai à me servir de l'appareil simple pour montrer ce qui me reste à dire du mouvement, de la vitesse et de la quantité de travail consommée.

De la vitesse de l'appareil. — Comment on peut la calculer.

On a vu qu'en inclinant en arrière, par rapport au reste de l'appareil, l'axe *be* de glissement des ailes, le corps de l'appareil s'incline en avant, entraine l'axe *be*, qui finit lui-même par se trouver incliné en avant d'un angle α par rapport à la verticale : il importe de bien remarquer que dans ce mouvement le plan des ailes reste toujours perpendiculaire à l'axe, maintenu dans cette position par la douille centrale qui a une certaine longueur.

Si, après cette inclinaison, on continue à faire mouvoir les ailes et qu'on augmente l'effort f de manière à produire dans le sens de l'axe de glissement un effort de soulèvement R′ tel que la composante R′cosα soit égale au poids de l'appareil R, et que d'ailleurs la valeur de f corresponde à $x = 0$, l'appareil volera ou bien s'avancera régulièrement et horizontalement, en vertu de la traction R′sinα, et avec une vitesse dépendant de la surface de section de la nacelle, de la surface que l'axe *be*, les bras B et la tranche des ailes opposent à l'air, enfin de la forme de la nacelle.

Si l'effort f était notablement plus fort que cette valeur, l'appareil s'élevant à chaque battement d'une petite quantité dans le sens de la traction R′, la ligne parcourue irait en se relevant de la même quantité à chaque coup d'aile, et d'autant plus que f serait plus fort.

Dans ce mouvement il est clair que l'aile, quoique glissant le long d'un axe presque vertical, se meut en réalité suivant une ligne st (*fig.* 15, *Pl. I*), inclinée d'un angle ω dont la tangente est sensiblement mesurée par le rapport de la vitesse V de l'aile, le long de son axe à la vitesse horizontale de translation que je représenterai par mV, et qui sera toujours plus grande que V, au moins sept à huit fois plus.

Le plan de l'aile en mouvement, qui est resté perpendiculaire à be, fait donc avec la direction de son mouvement st un angle $\omega - \alpha$ qui est très-petit, ce qui tend à diminuer considérablement l'effort normal sur le plan de l'aile ; mais la vitesse du plan le long de st étant considérablement augmentée, l'effort total normal sur l'aile pourra conserver la valeur qui lui est nécessaire pour que l'appareil soit soutenu sans faire varier l'effort f.

Ainsi, au départ, pendant le vol vertical, avant qu'on ait incliné be, l'effort exercé sur le plan de l'aile est représenté par kSv^2, S étant la surface de l'aile ; après l'inclinaison et pendant le vol, l'effort normal (conformément à la formule Duchemin relative au mouvement des surfaces inclinées sur la direction du mouvement : si cette formule n'est pas suffisamment exacte, les résultats numériques seuls, mais non les principes, seront entachés d'une erreur, dont on ne peut, faute d'éléments, apprécier la limite) sera exprimé par

$$k\,\mathrm{S}v^2(1 + m^2)\,\frac{2\sin^2(\omega - \alpha)}{1 + \sin^2(\omega - \alpha)},$$

attendu qu'en supposant l'angle SQt droit, ce qui est très-près d'être exact, la vitesse avec laquelle l'aile est frappée obliquement est égale à $v\sqrt{1 + m^2}$.

Pour que ces deux efforts soient égaux, il faut que l'on ait, en posant $\omega - \alpha = \omega'$,

$$ 1 = (1 + m^2)\, \frac{2\sin^2\omega'}{1 + \sin^2\omega'}, $$

d'où l'on déduit

$$ \sin\omega' = \frac{1}{\sqrt{1 + 2m^2}}; $$

de là les conséquences suivantes :

Plus m sera grand, plus $\sin\omega'$ sera petit; si m est infini, $\sin\omega'$ sera nul.

Il est d'ailleurs facile de vérifier que l'angle ω sera toujours plus grand que ω'; que ces deux angles sont égaux quand ω est un angle droit, évidemment, et que leur différence augmente à mesure que ω diminue, c'est-à-dire à mesure que m augmente, jusqu'à un certain terme, puis ensuite diminue.

Il résulte de là que, pour une certaine vitesse de translation mv, on peut toujours donner à α une valeur telle, que l'angle $\omega - \alpha$ satisfasse à l'égalité ci-dessus; ce qui est important alors pour la vitesse, c'est que cette valeur de α puisse être assez grande pour que la force de traction $R'\sin\alpha$ soit considérable : or, on verra par ce qui suit qu'en donnant seulement à α une valeur de $1°30'$ à $3°30'$, on peut obtenir une vitesse variable depuis 30 à 40^m pour un petit appareil, jusqu'à 50^m et 55^m pour un grand; et même plus encore, peut-être.

Si, après avoir donné à α la valeur ci-dessus, on l'augmentait dans le but d'augmenter la vitesse de translation, l'angle sous lequel l'aile serait frappée, $\omega - \alpha$, serait alors trop petit, et, à moins d'augmenter l'effort du moteur, et par suite v, l'aile ne frappant plus l'air assez fortement, l'appareil tendrait à descendre : il faudrait alors, pour continuer à marcher horizontalement, relever un peu l'axe, et par suite diminuer un peu la force de traction et la vitesse. Il s'établira, comme on le voit, une sorte de compensation résultant de la forme de la nacelle et de la vitesse qu'elle peut prendre sous une certaine traction : une fois toutes ces données calculées, pour chaque cas particulier, et en admettant que la formule de Duchemin représente aussi exactement que possible l'effet de l'air sur une surface inclinée, on arriverait facilement dans la pratique à donner à l'axe des ailes l'inclinaison convenable pour obtenir le plus de vitesse avec une certaine dépense de force, ou une certaine valeur de l'effort f.

Pour mieux fixer les idées, je donne ici le tableau d'un certain nombre de valeurs correspondantes de m, ω, ω' et α, dans les limites où l'on aurait à restreindre ces données dans la pratique.

VALEURS DE m.	VALEURS DE ω.	VALEURS DE ω'.	VALEURS DE $\omega - \omega'$ ou α.	SINUS DE α.
5	11.35′	8.07′	3.28′	0,0604
6	9.35	6.45	2.50	0,0495
7	8.15	5.45	2.30	0,0435
8	7 08	5.03	2.05	0,0364
9	6.20	4.29	1.51	0,0323 .
10	5.43	4.03	1.40	0,0292
11	5.12	3.40	1.32	0,0263
12	4.46	3.23	1.23	0,0241

Je suppose, par exemple, un appareil simple du poids de 5000^{kil} : la surface du maître couple de la nacelle, de l'axe et des bras, de la tranche d'une aile, etc., en un mot, la surface au mouvement de laquelle l'air opposera une résistance dans le vol, peut être réduite à 4^m, et, par suite de la forme effilée de la nacelle, cette résistance de l'air sera modifiée par un coefficient k' qu'on peut supposer en moyenne égal à 0,4 au plus. La résistance effective sera donc égale à celle d'un plan de 1^{mq},6 de surface, au maximum. Or, d'après les expériences connues, la résistance d'une surface S peut être représentée par l'expression kSv^2, dans laquelle k est égal à 0,09 à la température et à la pression ordinaire de l'atmosphère.

Si l'on a calculé les dimensions de l'appareil de manière qu'un certain effort f produit par le moteur donne un effort de soulèvement $R = 5000^{kil}$ quand l'arbre be est vertical, et que d'ailleurs on suppose $x = 0$ dans les formules ci-dessus, l'effort R', nécessaire pour soutenir l'appareil quand l'axe be sera incliné de 2° à 3°, ne sera pas sensiblement différent de R, car le cosinus 3° est égal à 0,9986; on peut donc estimer que la force de traction $R' \sin \alpha$, pour une inclinaison de 1°,32 sera, sans erreur sensible, égale à 131^{kil},50, ce qui fait 82^{kil} pour 1^{mq} de surface résistante.

Il est facile d'en déduire que sous cette traction l'appareil serait susceptible de prendre une vitesse de 30^m,3 et pourrait par conséquent fonctionner en faisant $v = 2^m,75$ et $m = 11$.

Si l'on trouve que cette vitesse v donne pour l'aile des dimensions trop grandes, on inclinera l'axe be de 1°40', qui donne une force de traction de 152^{kil},50, ou 95^{kil},3 par mètre carré, et correspond à une vitesse de 32^m,7; l'appareil pourra donc fonctionner en faisant $v = 3^m,27$ et $m = 10$.

Si l'on incline davantage encore l'axe be, soit de 1°51', la traction correspondante est de 160^{kil}, ou 100^{kil} par mètre, qui donne une vitesse de 36^m,10. L'appareil pourra donc fonctionner en faisant $m = 9$ et $v = 4^m,01$.

On aura, comme on voit, une certaine latitude pour déterminer la vitesse v d'après les considérations dont il sera question plus loin.

J'ajouterai ici que l'appareil double, formé de la réunion de deux appareils simples, aurait une nacelle à peu près de mêmes dimensions en largeur, soit au plus, pour la surface de résistance, 5^{mq}, et que néanmoins, sous la même inclinaison α, la force de traction serait doublée; ainsi, en prenant toujours l'appareil de même poids, 5000^{kil}, et le même coefficient $k' = 0,4$.

Si on fait $\alpha = 1°40'$, la traction correspondante sera 306^{kil}, soit 153^{kil} par mètre carré, qui peut donner une vitesse de 41^m,40; l'appareil fonctionnerait donc en faisant $m = 10$ et $v = 4^m,14$.

Le coefficient moyen k' pourrait certainement être réduit au-dessous de 0,4; de même que la section de résistance au-dessous de 5^m.

S'il s'agissait d'un appareil de 10 000^{kil}, 20 000^{kil} et plus, on calculerait de la même façon que la vitesse peut très-bien atteindre 55^m et 60^m, sans que la vitesse de l'aile V dépasse 5^m à 5^m,5, la section de la nacelle allant jusqu'à 8^{mq},5.

Il est facile de se rendre compte que les oscillations de l'appareil, en changeant l'angle sous lequel les ailes frappent l'air, ont bien pour effet de modifier non-seulement la force de traction R $\sin\alpha$, mais encore la composante qui soutient le poids de l'appareil; mais si cette composante était par moments trop faible, le système tendrait simplement à descendre à chaque battement. Cependant je ne me dissimule pas que dans la pratique, et avec l'appareil élémentaire que j'ai décrit, les oscillations de l'avant à l'arrière pourraient devenir assez grandes pour que l'angle $\omega' = \omega - \alpha$ fût nul ou même négatif; auquel cas, l'air, au lieu d'être frappé par le dessous de l'aile, pourrait bien la frapper par-dessus : alors le mouvement serait dérangé, et il serait difficile de dire quelles en seraient les conséquences. Toutefois, il faut remarquer que si l'appareil est en équilibre dans l'air, ce n'est point à la manière de l'aérostat, dont la densité est égale à celle de l'air et qui est affecté par les moindres mouvements de l'atmosphère. Du reste, ces oscillations seront complétement anéanties dans l'appareil double, comme je le montrerai plus loin.

Tout ce que j'ai dit sur le mouvement et la vitesse des ailes qui se meuvent en restant parallèles à elles-mêmes s'applique évidemment aux ailes qui tournent autour d'une charnière, comme celles de l'oiseau vivant : c'est en inclinant en avant le

3.

plan perpendiculaire à cette charnière, que l'on y fait naître la composante $R \sin \alpha$, qui donne l'impulsion. Mais l'oiseau vivant a l'instinct de ce qui est nécessaire à son équilibre; si le degré d'inclinaison de son aile est trop grand ou trop petit pour sa vitesse, pour le vent qui le dérange, il diminue ou augmente cette inclinaison instantanément, et avant que son équilibre soit rompu. De plus, le point d'attache de ses ailes est près du centre de gravité et du centre de résistance en même temps, ce qui diminue les oscillations; enfin l'oiseau sait ce qu'il fait et ce qu'il a à faire : l'homme peut se promener en équilibre sur une corde roide, il ne saurait faire une machine qui s'y maintient dans les mêmes conditions que lui.

On peut déduire encore de ce qui précède que, si l'on voulait donner à l'appareil simple une grande vitesse habituelle, il vaudrait mieux diminuer la surface des ailes et augmenter la vitesse de glissement de ces ailes sur l'axe be, de manière à obtenir à peu près la même valeur de r; alors, pour la même vitesse de translation, le rapport que j'ai désigné par m serait plus petit, par suite l'angle ω' serait plus grand et risquerait moins d'être influencé par les oscillations.

Il est vrai que si l'on voulait ainsi ne pas augmenter le travail consommé par le moteur, il faudrait allonger les bras B.

Travail dépensé par le vol. — Travail de la suspension.

Quand l'axe des ailes est vertical, que l'appareil se maintient à la même hauteur, sans monter ni descendre, ni avancer, le moteur produit un effort f correspondant a $x = 0$ (10), d'où résulte un effort de soulèvement R égal au poids à soutenir; le travail moteur produit et dépensé est égal à la résistance des ailes r ou $k S v^2$, multipliée par la vitesse verticale de l'aile V, cela est évident.

Travail de l'ascension verticale.

Si l'appareil doit monter à chaque battement d'une certaine quantité, il faut donner à x une valeur correspondante, par suite augmenter l'effort $f(7)$, ce qui fait augmenter r, et par conséquent la vitesse des ailes. La quantité de travail produite et dépensée est égale à la nouvelle valeur de r multipliée par sa nouvelle vitesse, plus le produit de R par la quantité dont l'appareil monte en une seconde; cela est incontestable aussi : j'ajoute, ce que j'ai déjà fait remarquer, que, x ne pouvant être que très-petit, les nouvelles valeurs de r et de la vitesse des ailes diffèrent peu des premières. Si, par exemple, on fait $b = 0,06$, $B = 4,2$ et $x = 0,02$, la nouvelle valeur $r' = r \cdot 1,0047$, ce qui modifie à peine r et la vitesse.

Travail du vol horizontal.

Si on incline l'axe be de $1°$ à $2°30'$, et qu'on veuille voler horizontalement, le nouvel effort de soulèvement R' que doit produire le moteur est sans erreur notable égal à R, car on a, en moyenne,

$$R' \cos 2° = R \quad \text{ou} \quad R'.0,9994 = R.$$

On peut donc admettre que le travail produit est sensiblement le même que dans le premier cas, c'est-à-dire quand l'appareil se maintient en l'air sans monter ni descendre, ni avancer. Cette quantité de travail suffit non-seulement pour soutenir l'appareil, mais pour lui donner la vitesse de translation qui résulte de la traction $R' \sin \alpha$.

Ce travail est beaucoup moindre qu'on ne l'a cru jusqu'à présent.

Il semble au premier coup d'œil que cette translation dût consommer une quantité de travail beaucoup plus considérable à elle seule et égale à la traction multipliée par la vitesse. C'est ainsi que l'ont évaluée tous ceux qui jusqu'à présent se sont occupés de l'aviation, en faisant abstraction du mode de production de la force de traction ; mais ils se sont trompés, ou du moins ils n'auraient raison que si l'on employait pour produire le mouvement une hélice et tout autre moyen analogue aux propulseurs ordinaires des bateaux à vapeur, où le point d'appui est produit par un effort égal à la résistance et qui se meut, en sens contraire de l'appareil, avec une vitesse au moins égale à celle de l'appareil ; il faut bien dans ce cas que le moteur développe une quantité de travail égale à l'effort multiplié par la vitesse.

Avec l'artifice mécanique que je viens d'expliquer, il en est tout autrement ; et c'est encore en ce point qu'apparait l'immense supériorité de ce mode de suspension de l'oiseau. Il dépense très-peu de force pour se soutenir, et cette quantité lui suffit pour voler avec une extrême vitesse. Comment cela se fait-il sans enfreindre les lois de la mécanique? c'est ce qui demande quelques développements pour être bien compris.

Il faut d'abord préciser les conditions dans lesquelles a lieu le mouvement : quand l'axe be est vertical, un certain effort f agit pour faire descendre les ailes sur lesquelles l'air exerce une résistance normale égale à r. Tout le travail dépensé est égal à rv ; il fait naitre le long de be un effort de soulèvement égal à R, poids de l'appareil.

Quand be est incliné, on a vu que le même effort f produit un soulèvement R′ très-peu différent de R, que l'effort normal sur l'aile reste le même, que par conséquent la quantité de travail développé reste sensiblement la même ; que se passe-t-il alors ?

Quand on a incliné l'axe be, et que l'on continue à faire mouvoir les ailes, l'effort de soulèvement R′ produit une composante R′ $\sin \alpha$ qui tend à faire marcher l'appareil comme un corps pesant tend à glisser le long d'un plan incliné; cette force accélératrice constante va peu à peu augmenter la vitesse du glissement jusqu'à ce que la résistance de l'air lui fasse équilibre; à partir de ce moment, la vitesse sera uniforme : cette vitesse ne dépend donc en aucune façon de la quantité de travail développé, qui reste toujours la même, elle ne dépend que de la densité du fluide dans lequel se transporte l'appareil. Supposons que la résistance de l'air au mouvement devienne, par mètre carré, deux, trois fois, dix fois plus petite ou plus grande, mais que la résistance de l'air à la descente des ailes ne change pas, non plus que la vitesse de descente et de remontée de ces ailes; ce qui se réaliserait, par exemple, si, les ailes restant plongées dans l'air, la nacelle, qui cause la plus grande partie de la résistance à la translation, était plongée dans un fluide deux, trois fois, dix fois plus léger ou plus dense que l'air. N'est-il pas évident que, *le moteur continuant à développer la même quantité de travail*, la nacelle prendrait une vitesse deux, trois fois, dix fois plus grande ou plus petite, l'effort de traction tendant toujours à l'entraîner jusqu'à ce que la résistance de l'air lui soit égale? Les deux forces $R' \sin \alpha$ et la résistance de l'air peuvent être considérées comme deux forces appliquées au même système de points matériels, et qui se font équilibre comme deux forces *perdues* à un moment donné, conformément au principe de d'Alembert : à partir de ce moment le système se meut avec une vitesse uniforme égale à la vitesse acquise.

Il faut bien considérer qu'il y a une très-grande différence entre l'effet d'une force comme la résistance de l'air, qui ne se développe que par la production de la vitesse dans le système, et l'effet d'une autre force continue qu'on appliquerait au point d'intersection de la résultante des résistances de l'air et de la force de soulèvement R', par exemple un poids égal à $R' \sin \alpha$ qui tirerait le système en sens contraire de celui où il tend à marcher : dans ce cas on aurait beau faire mouvoir les ailes avec l'effort f (correspondant à $x = o$), l'appareil se maintiendrait en l'air, mais n'avancerait pas. Pour qu'il en fût autrement, il faudrait faire agir le moteur avec un effort f' suffisant pour produire un soulèvement de l'appareil dans le sens de *be*; dans ce cas il y aurait à la fois soulèvement et avancement de quantités représentées par les composantes verticale et horizontale de R', mais le mouvement serait très-lent.

Il est presque inutile d'ajouter que ce que je viens de dire des quantités de travail consommé doit s'entendre des quantités théoriques, c'est-à-dire abstraction faite des frottements et autres causes de perte de force que j'évaluerai plus loin.

Effet de l'inclinaison des ailes sur leur axe de glissement.

Le plan de l'aile reste constamment perpendiculaire à l'axe *be*; s'il n'en était pas ainsi, il en résulterait une grande perte, sinon pour la suspension, au moins pour la vitesse: supposons que le plan de l'aile fasse un angle α' avec l'axe *be* (*fig.* 14, *Pl. I*) dans le sens de la longueur de la nacelle. L'effort normal exercé sur ce plan par la résistance de l'air, r, se décompose en deux, l'un $r\cos\alpha'$ parallèle à l'axe, l'autre $r\sin\alpha'$ perpendiculaire: la première seulement de ces composantes agit sur l'extrémité des bras B pour faire naître l'effort de soulèvement R' le long de l'axe, la seconde agit directement sur l'axe, tend à soulever légèrement tout le système si l'axe est incliné, et donne une composante en arrière $r\sin\alpha'\cos\alpha$ agissant dans le même sens que la résistance de l'air pour retarder la vitesse, si c'est l'avant de l'aile qui est relevé; agissant au contraire dans le sens de la vitesse, si c'est l'arrière. Dans le premier cas il résulterait de ce relèvement une grande perte de force, quelque petit que fût l'angle α'; car on a vu que la quantité de travail dépensé dans le vol horizontal est égale à rv, la vitesse de vol étant mv; le travail perdu ou consommé par la résistance de la composante ci-dessus sera représenté par $r \sin\alpha' \cos\alpha . m v$: si seulement α' est égal à $1°30'$, α ne pouvant d'ailleurs être au-dessus de $3°$ ou $4°$, cette quantité sera au moins égale à $r v . 0,026 m$, et comme la valeur habituelle de m sera environ 10, on voit que la perte serait au moins du quart de la quantité totale, c'est-à-dire $r v . 0,26$. Cela suffit pour montrer la nécessité de maintenir le plan de l'aile perpendiculaire à l'axe ; car, d'un autre côté, si on relevait ce plan du côté de l'arrière, ce qui tendrait à faire gagner en force de traction, on se mettrait dans l'impossibilité de marcher à grande vitesse, c'est-à-dire avec une grande valeur de m ; pour y suppléer on serait obligé d'augmenter la valeur de v, ce qui augmenterait le travail moteur consommé par le mouvement de l'aile.

C'est cependant ce relèvement de l'aile du côté de l'avant qui permet de bien comprendre le vol de l'oiseau vivant, avec deux ailes à surface continue, tel que je vais l'exposer ; mais il faut remarquer d'abord que dans le vol de l'oiseau, la valeur de m ne dépasse pas 4 à 5 ; car la vitesse de ses ailes étant de 3^m à 4^m, la vitesse de son vol ne dépasse guère 15^m à 20^m ; il en résulte une perte de force moindre ; d'ailleurs, comme on le verra, cette perte n'a lieu que quand l'aile remonte. Je reviens auparavant au mouvement des ailes de l'oiseau mécanique.

Chemin parcouru par l'aile descendante et l'aile remontante.

La *fig.* 17, *Pl. II*, montre le chemin parcouru par l'aile descendante et l'aile remontante pendant le vol ; pour que celle-ci n'éprouvât aucune résistance de la part de l'air dans le cas où on la supposerait formée d'une surface résistante plane, revêtue d'une membrane continue et fixe (*fig.* 16, 17, *Pl. II*), il faudrait, au moment où elle va remonter, changer subitement l'inclinaison du plan de l'aile sur l'axe be (*fig.* 18, *Pl. II*), de façon que ce plan se trouvât dans le sens même de la résultante de la vitesse verticale de glissement sur l'axe v, et de la vitesse horizontale de translation mv; c'est précisément ce que font chacune des lames mobiles de toile qui composent la surface de l'aile, comme je l'ai indiqué, si le plan général de l'aile ne remplit pas lui-même cette condition d'inclinaison.

Du vol avec deux ailes à surface continue.

On conçoit qu'il serait très-possible, au lieu de composer les ailes de lames mobiles qui rendront leur construction plus délicate, de les former d'une membrane continue tendue sur une charpente mince. Mais pour qu'on pût se servir de cet appareil il faudrait que l'aile, mobile autour de son centre, restât pendant la descente perpendiculaire à l'axe be et se relevât brusquement d'un angle $\omega + \alpha$ au moment de remonter : il faudrait encore qu'il pût prendre de suite, dès le départ, une grande vitesse, sinon complétement mv, au moins 7 à 8 fois V, c'est-à-dire qu'il faudrait que l'appareil s'enlevât d'un point un peu élevé, 2^m ou 3^m par exemple, avec un grand espace horizontal au devant, car il serait incapable de s'élever ni verticalement ni même sur une ligne un peu fortement inclinée, et il ne manquerait pas de redescendre pendant les premiers coups d'aile. Réussirait-on ainsi? c'est douteux, et l'on aurait dans tous les cas l'inconvénient de ne pouvoir arrêter l'appareil sans une forte secousse, sa vitesse ne pouvant être diminuée sans qu'il devienne incapable de se soutenir pendant la remontée des ailes. Cette secousse est sans danger pour un oiseau vivant, d'un poids si léger, et qui sait l'atténuer; elle est inadmissible pour un appareil d'une masse aussi considérable que le nôtre ; il faut absolument qu'il puisse anéantir progressivement sa vitesse, et redescendre comme monter sur une ligne presque verticale.

Du vol de l'oiseau vivant.

Mais l'oiseau vivant ne se contente pas de relever le plan de son aile dans le sens de la résultante des deux vitesses, au moment où cette aile va remonter; car pendant ce relèvement il ne serait pas soutenu; il la relève au-dessus de cette résultante d'un certain angle (*fig.* 19, *Pl. II*), en sorte que par l'effet du mouvement de translation l'air frappe le dessous de cette aile remontante sous un angle égal à celui dont il a frappé le dessous de l'aile pendant sa descente. Il en résulte bien un certain ralentissement dans la vitesse du vol, mais il en résulte aussi que l'oiseau est soutenu pendant ce temps-là, ce qui est indispensable pour les grandes espèces dont les battements sont très-lents : pour bien faire comprendre cet effet je reprends la formule fondamentale

$$fb - R\,x - r\,(B - x) = 0.$$

Dans toute machine il y a une ou plusieurs forces qui *mènent*, c'est le moteur, et des forces ou résistances qui naissent du mouvement même et sont *menées*. Dans le cas actuel, si l'on considère l'aile qui descend, le moteur c'est la force f dont le point d'application se meut dans le sens même de la direction de la force ; les forces menées sont le poids R et la résistance r, du moins tant que leur point d'application se meut en sens inverse de leur direction : au moment où l'appareil entre en mouvement, le moteur met un certain temps à acquérir la force nécessaire ; mais à partir de là, le mouvement se fait dans les conditions que j'ai expliquées, c'est-à-dire qu'il y a équilibre dynamique entre les forces en jeu et suivant l'égalité (9) qui exprime que la somme de leurs moments est nulle.

A un moment donné, qu'on vienne à changer le sens dans

lequel les forces agissent, c'est-à-dire que la force r devienne force menante, son point d'application remontant au lieu de descendre, celui de la force R remontant ou descendant, mais l'effort f n'agissant plus que comme un ressort tirant qui est forcé de s'allonger encore, l'équilibre dynamique ne cessera pas d'avoir lieu par ces simples changements de signe, conformément à l'égalité ci-dessus, dans laquelle x pourra d'ailleurs recevoir telle valeur qu'on voudra, positive ou négative.

Or ces conditions seront précisément réalisées, si, comme je l'ai dit plus haut, l'inclinaison de l'aile remontante, dans l'oiseau vivant comme dans l'appareil mécanique, est telle, que par suite de la vitesse de translation l'air la frappe par-dessous très-obliquement, ralentissant il est vrai la vitesse par l'effet de la composante en arrière qui en résultera, mais produisant sur l'aile, de bas en haut, un effort r' qui par l'effet du levier B équilibrera le poids de l'appareil et l'effort produit par le moteur; en sorte que le moteur ou la force musculaire de l'oiseau, après avoir agi sur l'aile descendante à la manière ordinaire, c'est-à-dire comme force menante, n'agira sur l'aile remontante que comme résistance, c'est-à-dire comme ressort tendu qui est forcé de s'allonger, ou comme piston poussant qui est forcé de reculer et de refouler dans la chaudière la vapeur qui remplit le cylindre. Si on suppose x positif, c'est-à-dire si à chaque coup d'aile descendante l'appareil monte d'une certaine quantité proportionnelle à x, et si on suppose x négatif pour la remontée de l'aile, l'appareil redescendra de la même quantité pendant cette remontée ; s'il s'agit de l'appareil volant, le moteur dépenserait une certaine quantité de travail pendant la descente de l'aile, et pendant la remontée une partie de ce travail pourrait lui être restituée, celle représentée par Rx : ou bien encore x pourrait être nul à la montée comme à la descente de l'aile, et les muscles de l'oiseau vivant comme le moteur de l'appareil agiraient tantôt dans un sens, tantôt dans un autre.

Du vol avec une seule aile à surface continue.

Après tous les développements que j'ai déjà donnés, il est facile de comprendre avec un peu de réflexion que l'on pourrait réaliser cette disposition dans l'appareil, et ne conserver alors qu'une seule aile qui agirait comme l'aile double de l'oiseau vivant de grandes dimensions; que cette aile unique serait formée d'une surface continue sans ouverture, mais que ce genre de vol, comme celui que j'ai examiné ci-dessus, ne pourrait être pratiqué que si l'appareil pouvait dès le premier coup d'aile se donner à peu près toute sa vitesse. L'aile à sa descente serait perpendiculaire à l'axe *be*, et au moment de remonter se relèverait, d'un certain angle très-petit, au-dessus de la direction de la résultante des deux vitesses; dans l'oiseau vivant la charnière du mouvement de rotation est inclinée vers l'avant, de l'angle que j'ai appelé α; à la descente le plan de l'aile passe par cette charnière, à la remontée le plan de l'aile se relève à l'avant, mais l'axe de la charnière conserve toujours la même inclinaison.

Là est la véritable explication du jeu des ailes de l'oiseau dans le vol continu qu'on a appelé *vol ramé*. Plusieurs observateurs, MM. d'Esterno, Liais, ont observé et fait remarquer ce relèvement de l'aile, mais il ont attribué la suspension de l'oiseau à l'action de l'air qui agirait sous cette aile comme sous le cerf-volant. L'effet produit est, on le voit maintenant, tout à fait différent; dans le cerf-volant le vent porte l'appareil par l'effet d'une composante verticale égale au poids à soutenir; dans l'aile de l'oiseau vivant ou mécanique, cette composante que j'ai représentée par *r* n'est qu'une petite fraction du poids à soutenir, et le soutient cependant tout entier, par l'artifice mécanique dont j'ai donné l'explication. Mais l'oiseau vivant a sur une machine l'avantage de la vie, il donne à son aile l'inclinaison nécessaire au moment même ou il le faut, il change cette inclinaison au moment où l'aile remonte, ce qu'il serait difficile de faire dans un dispositif mécanique de grandes dimensions, sans secousses ni chocs.

Comment l'oiseau plane-t-il?

Je crois inutile d'entrer ici dans l'examen des moyens par lesquels certains oiseaux se soutiennent en l'air, à la même place, sans avancer, et des divers genres de vol qu'ils affectent, notamment les petites espèces. Ces moyens exigent toute la flexibilité, toute la souplesse de l'être vivant et ne sont nullement imitables dans un appareil mécanique. Plusieurs observateurs ont décrit les apparences des mouvements de l'aile dans ces divers cas; ces mouvements variés donnent au vol le caractère particulier à chaque espèce, mais ils ne modifient ni n'expliquent le fait capital de la suspension : la suspension n'est jamais produite et ne peut l'être que par l'artifice des deux bras de levier b et B. Certaines grandes espèces *planent ;* on a dit : L'aigle plane en profitant de la vitesse qu'il s'est donnée et présentant ses ailes obliquement à l'air, qui le supporte alors comme le vent supporte le cerf-volant. Non, ce n'est pas ainsi que l'aigle se soutient et avance; d'abord, inévitablement, sa vitesse serait anéantie en quelques instants, et on le voit planer des heures entières, c'est-à-dire voler rapidement sans autre mouvement apparent qu'un balancement des ailes presque insensible. Essayez de calculer l'effort vertical que l'air, à une vitesse même très-grande, 20^m par seconde, peut exercer de bas en haut sur une surface qui ne va pas à 1^m, à peine relevée au-dessus de l'horizon de quelques degrés, et vous trouverez que cet effort ne peut s'élever au dixième du poids de l'oiseau. Il faut donc que cet effort se trouve augmenté, comme je l'ai dit, dans le rapport $\dfrac{b}{B-x}$ pour empêcher ce poids de tomber, et cette augmentation ne peut se faire que si les ailes se meuvent verticalement par rapport au corps de l'oiseau. Supposez que ces ailes, qui paraissent n'avoir qu'un léger balancement de leur extrémité, ont en effet des battements de $0^m,2$ environ, d'une faible vitesse, $1^m,50$ par seconde, au plus. Ces battements seront d'autant moins sensibles à l'œil que la vitesse de l'oiseau sera plus grande, et cependant ils suffiront pour expliquer mathématiquement comment l'oiseau peut se soutenir et voler : ainsi, le bout de l'aile s'abaissant de $0^m,30$ en un cinquième de seconde et s'avançant pendant ce temps de 4^m, la courbe que parcourra cette extrémité semblera presque droite, et cependant l'oiseau paraissant se balancer légèrement et nullement battre des ailes, volera de la même manière qu'à l'ordinaire ; profitant de l'effet de l'air sur l'aile qui remonte, il dépensera le moins possible de force pour se soutenir et se transporter, ce travail dépensé ne dépendant que de la vitesse de l'aile, et augmentant ou diminuant avec elle, quand le rapport des deux leviers b et B ne change pas.

Si l'on veut pousser plus loin l'étude du phénomène du vol de l'oiseau, on verra que l'explication que j'ai donnée du fait dominant de ce phénomène, c'est-à-dire de la suspension, permet de se rendre compte de toutes les modifications qu'il présente, en même temps qu'elle montre la possibilité de réaliser le mouvement général du vol avec les moteurs que l'industrie et la science ont mis depuis longtemps à notre disposition : elle montre enfin que l'oiseau peut voler comme les autres animaux marchent, c'est-à-dire avec une dépense de force en rapport avec la nature de ses organes analogues en tout à ceux des autres êtres animés.

CHAPITRE V.

RECHERCHE DES PROPORTIONS QUI DOIVENT EXISTER ENTRE LE POIDS DE L'OISEAU ET LES DIMENSIONS DES AILES.

Les formules (7), (8) et (9) montrent que, théoriquement, un poids quelconque R peut être soutenu par une résistance r aussi petite que l'on voudra, et par conséquent par une aile aussi petite qu'on voudra, pourvu que le rapport $\frac{B}{b}$ soit agrandi en conséquence. Mais en réalité il ne peut en être ainsi, pour plusieurs raisons.

Dans l'oiseau mécanique, comme dans l'oiseau vivant, l'articulation de l'aile, le diamètre des axes de rotation doivent avoir des dimensions en rapport avec le poids à soutenir, ce qui limite le minimum du petit bras de levier b : si alors on allonge trop B, le poids de l'aile augmente considérablement, ce qui augmente le poids à soutenir et la force à développer : dans l'oiseau mécanique on élève la hauteur de l'appareil, ce qui amène d'autres inconvénients sur lesquels il est inutile d'insister.

Quantité de travail consommée par une aile tournant autour d'une charnière.

Si on applique à l'aile d'un oiseau, du pigeon par exemple, les formules qui lient entre elles les quantités que j'ai appelées f, B, b, r et x, il est facile de voir qu'on peut mesurer assez exactement, d'après la forme de l'aile et la vitesse de son mouvement, les quantités B et r, ainsi que la force R qui est la moitié du poids de l'oiseau; mais qu'il est impossible d'assigner exactement *à priori* la valeur essentiellement variable de b, c'est-à-dire le bras de levier du muscle abaisseur par rapport au centre de la charnière ou articulation de l'aile. Il serait donc fort difficile de déduire la proportion cherchée de l'examen de ce qui se passe dans un oiseau particulier; d'ailleurs cette proportion doit varier dans chaque espèce. Tel oiseau a la propriété de s'élever d'une très-grande hauteur par seconde, tel autre ne peut s'élever que lentement; dans le premier le rapport $\frac{b}{B}$ doit être plus grand que dans le second, et par suite *aussi* le rapport de l'effort f, qu'il peut développer momentanément, au poids de son corps; mais on peut essayer d'évaluer la quantité de travail que développe un oiseau quand il vole tranquillement et horizontalement. Pour y parvenir je reviens à la *fig.* 7, *Pl. I*, qui est relative à une aile rectangulaire d'une longueur L, d'une largeur h, tournant autour d'une charnière avec une vitesse uniforme ou constante; je représente par V la vitesse de l'élément de surface situé à une distance l de la charnière; par w la vitesse de l'élément situé à l'unité de distance de cette charnière; par ω la longueur de l'arc parcouru, pendant le battement, par l'élément dont la vitesse est w.

La résistance normale opposée par l'air à l'élément dl, sur toute la largeur h, est égale à

$$khdl\,l^2 w^2;$$

$l\omega$ est l'espace parcouru pendant le battement par l'élément dl; par conséquent

$$kh\,dl\,l^2 w^2 l\omega$$

représente le travail consommé par le mouvement de l'élément, c'est-à-dire le produit de la résistance par le chemin parcouru.

Le travail total consommé par l'aile sera donc

$$(10) \qquad \int_0^L kh\, l^3 dl\, \omega^2 \omega = hk\, \omega\, \omega^2 \frac{L^4}{4},$$

qu'on peut mettre sous la forme

$$kh\, L(\omega^2 L^2)\omega L \frac{1}{4},$$

qui montre que le travail est le quart de celui qui correspond à toute la surface de l'aile si elle se mouvait parallèlement à elle-même avec la vitesse de l'extrémité, et pour toute la longueur parcourue par cette extrémité.

On peut encore mettre l'expression (10) sous la forme

$$(11) \qquad hk\, L\, \omega^2 l'^2 \omega l',$$

en faisant

$$\omega^2 L^2 \omega L \frac{1}{4} = \omega^2 l'^2 \omega l',$$

d'où

$$l' = L \frac{1}{\sqrt[3]{4}} = L.0,62.$$

Sous cette forme on voit que le travail ci-dessus est égal à celui d'une aile de même surface et de même forme qui se mouvrait, non plus en tournant, mais parallèlement à elle-même, avec la vitesse et sur la même longueur que le point qui est situé à une distance de la charnière égale à L.0,62. Ce point est situé, comme on le voit, au delà du milieu de l'aile.

Quantité de travail développée par un oiseau vivant.

On a vu que lorsque l'oiseau, mécanique ou vivant, vole horizontalement, la pression exercée par l'air sous l'aile pendant le battement descendant doit rester la même que si, l'oiseau volant sur place, l'aile descendait verticalement ou tournait autour d'une charnière horizontale : dans cette hypothèse, qui ne peut être que très-rapprochée de la vérité, il est facile d'évaluer la quantité de travail dépensée par un oiseau vivant, le pigeon par exemple, en observant : 1° que son poids ordinaire est de $0^{kil},450$; 2° que la dimension de son aile, qui forme une surface irrégulière de $0^m,26$ de longueur maximum à partir de la charnière, peut, au moyen d'un calcul exact, être ramenée, pour l'effet mécanique, à une surface rectangulaire de $0^m,11$ de largeur sur $0^m,24$ de long au plus; 3° que l'amplitude de son vol ordinaire horizontal ne dépasse guère 100°, et le nombre des battements 4 par seconde; 4° qu'en supposant la vitesse de l'aile à la descente et à la remontée constante, il en résulte que la vitesse du bout de l'aile est de $3^m,30$, et l'espace parcouru par le bout de l'aile dans un battement égal à $0^m,43$.

Appliquant ces données aux formules qui précèdent, on trouvera, pour la quantité de travail développée dans un battement descendant des deux ailes, $0^{kgm},005$, ou pour les quatre battements descendants d'une seconde $0^{kgm},020$.

L'oiseau dépense-t-il un travail moteur pendant la remontée de ses ailes? Non, pas absolument; ainsi que je l'ai expliqué, l'effort f agit toujours sur l'extrémité du levier b, mais le point d'application de l'effort marche en sens contraire de la direction f; néanmoins, cet effort ainsi exercé est un travail réel, effectué par le moteur ou l'oiseau tout aussi bien que celui qui produit la descente de l'aile.

On peut donc admettre que le travail moteur réellement dépensé dans une seconde est égal à

$$2 \times 0^{kgm},020 = 0^{kgm},040$$

pour soutenir un poids de $0^{kil},450$; je crois que ce chiffre est un maximum pour le cas du vol horizontal, où x est nul dans les formules (7), (8) et (9) : la valeur correspondante de r serait avec les mêmes données, et en partant des formules de la page 13, $r = 0^{kil},0085$ pour chaque aile; r étant la valeur de la résultante de tous les efforts normaux à l'aile, et le point d'application de cette résultante étant à une distance de l'articulation égale à $\frac{3}{4}$ L ou $\frac{3}{4}$ 0,25, et la vitesse de ce point étant de .

$$\frac{3}{4} 3^m,30 = 2^m,475.$$

En partant de cette valeur de r, et de la valeur

$$B = \frac{3}{4} 0^m,24 = 0^m,18,$$

on peut déduire de la formule (8) la valeur de b correspondante; au moment où l'aile est horizontale, on trouve $b = 0,007$, c'est la longueur du levier au bout duquel agit la composante verti· cale des efforts exercés par les muscles abaisseurs; le rapport $\frac{B}{b} = 27.$

L'appareil mécanique ne peut s'élever en hauteur que très-lentement.

Ainsi, en plein vol horizontal *calme*, quand le pigeon n'est pas pressé, il développe une quantité de travail susceptible d'élever son poids de $0^m,09$ par seconde au plus,

$$0^m,09 \times 0^{kil},450 = 0^{kgm},04;$$

ses ailes fonctionnent alors comme celles de l'appareil mécanique quand on suppose $x = 0$; tout le travail moteur est à peu près employé à vaincre la résistance de l'air au mouvement de l'aile, puisque le poids n'est pas soulevé; mais tandis que dans l'appareil la longueur b est invariable, dans l'aile de l'oiseau cette dimension est esséntiellement variable avec la tension des muscles de l'aile, et de là une grande différence entre les effets des deux systèmes; si b est invariable l'appareil ne peut s'élever d'une quantité notable à chaque coup d'aile, qu'en donnant à x une valeur assez forte, alors l'effort f croît très-rapidement; or, un moteur mécanique qui développe dans sa marche habituelle un certain effort ne peut augmenter cet effort moyen ni pendant longtemps, ni d'une quantité très-considérable. L'appareil ne pourra donc admettre que des valeurs assez faibles de x, par suite la résistance r et la vitesse des ailes n'augmenteront pas notablement; l'appareil n'aura en hauteur que des mouvements lents, il ne pourra s'élever par seconde que de quelques centimètres, encore faudra-t-il pour cela qu'il double l'effort développé.

Si, comme dans l'oiseau, b peut augmenter notablement, f, l'effort qu'il a à produire, augmente sans doute beaucoup, mais dans un bien moindre rapport avec la hauteur dont il veut monter. Par suite, la valeur de r augmente beaucoup aussi, et par conséquent la vitesse des ailes; les battements vont à cinq et six par seconde, si le pigeon veut voler très-rapidement; je saisis cette occasion de dire qu'en général ceux qui ont établi des calculs sur le vol de l'oiseau ont beaucoup exagéré la vitesse de ses ailes; les battements peuvent être très-rapides et cette vitesse être très-modérée; dans un petit oiseau le centre de résistance de l'aile ne parcourt pas verticalement plus de $0^m,10$ environ par seconde, 12 battements doubles ne donnent qu'une vitesse de $2^m,40$; or, à ce nombre, les battements sont très-précipités.

En définitive, faut-il se baser sur les données et calculs ci-dessus pour fixer la proportion qui doit exister entre les quantités B, b, r, R de l'oiseau mécanique? Non, pas d'une manière absolue, car l'oiseau vivant est muni d'un appareil d'une grande souplesse qui doit se prêter aux variations considérables d'effort musculaire et de vitesse dont il a besoin, et qu'on ne peut avoir la même prétention pour un appareil mécanique d'un très-grand poids.

Supposons un instant que la nature ait produit un oiseau tout semblable au pigeon pour les formes, mais d'un poids considérable, 50000^{kil} par exemple. Ses dimensions homologues seraient plus grandes dans le rapport de la racine cubique des poids, c'est-à-dire 22 fois seulement environ. Ses ailes auraient eu une superficie de

$$0,050 \times 22^2 = 24^m,20.$$

La distance B de l'articulation au centre de percussion eût été

$$0,18 \times 22 = 3^m,96 = B,$$

la distance b

$$0,007 \times 22 = 0,154,$$

et la formule (8) donnerait pour r 188^{kil}, c'est-à-dire 94^{kil} pour chaque aile. On en déduirait, pour la résistance de chaque mètre carré de l'aile, $3^{kil},88$, ce qui suppose une vitesse de $6^m,60$ au centre de percussion, en adoptant pour le coefficient k la valeur probable de 0,09.

Cet oiseau développerait par seconde, pour voler horizontalement, une quantité de travail égale à

$$188^{kil} \times 6,6 = 1241^{kgm},$$

c'est-à-dire la quantité nécessaire pour élever son propre poids à $0^m,25$ par seconde, trois fois plus que le pigeon. Il n'est pas à supposer que la nature eût agi ainsi : elle eût donné à ce gigantesque animal des ailes beaucoup plus grandes et moins de vitesse dans le mouvement des ailes; plus un animal est grand, moins ses mouvements sont vifs, le rapport $\frac{b}{B}$ eût été diminué, et B très-probablement agrandi. Du reste, on remarque aussi que la vitesse de l'aile chez les grands oiseaux est loin d'augmenter avec leur poids; chez les aigles et autres grandes espèces, les battements ne vont guère au delà de 2 par seconde, ce qui ne fait pas une vitesse effective de plus de $3^m,5$ au centre de l'aile, et cette vitesse est souvent bien au-dessous.

Il est donc à supposer que deux oiseaux d'un poids très-différent doivent, en général, développer dans le vol ordinaire, qui est comme leur marche habituelle, des quantités de travail proportionnelles à leur poids, et cette quantité doit plutôt diminuer qu'augmenter avec le poids.

Ainsi l'oiseau de 5000^{kil} développerait d'après cela 450^{kgm} à 500^{kgm} quand il ne voudrait que voler horizontalement sans se presser : c'est d'après cette base que nous établirons l'appareil mécanique; il en résultera un rapport $\frac{B}{b}$ variable de 35 à 80 environ, et la possibilité de donner à toutes les parties de l'appareil des dimensions en harmonie avec les différentes fonctions qu'elles doivent remplir.

Quantité de travail consommée par un appareil mécanique d'un poids donné, à ailes parallèles.

Appliquons ces calculs à un appareil simple du poids total de 2600^{kil}, qui peut être considéré comme un appareil d'essai vu ses petites dimensions, et permettra cependant de tirer toutes les conclusions nécessaires pour une application plus en grand.

Pour les dimensions des tourillons à placer aux extrémités du petit levier b, il suffira de faire $b = 0,07$, nous prendrons $B = 2^m,52 = b \times 36$.

La formule $r = R \dfrac{b}{B + b}$ donne $r = 70^{kil}$: c'est la résistance que devra développer chaque aile de l'appareil; nous prendrons une aile de 60^{mq} de superficie, ce qui fait un cercle de $9^m,50$ environ de diamètre; il en résulte une résistance par mètre carré de $1^{kil},17$, qui est donnée par une vitesse de descente de $3^m,70$. (*Voir* le tableau p. 63.)

L'appareil, pour se maintenir à la même hauteur, développera donc un travail théorique égal à

$$70^{kil} \times 3,70 = 259^{kgm} ;$$

mais il y aura évidemment des forces perdues; il s'agit d'évaluer à peu près dans quel rapport.

Pour ne pas trop surexhausser l'appareil, je limite à 2 mètres la course de chaque aile, soit $\frac{4}{5}$ B. Ce rapport diminuerait un peu si B augmentait beaucoup : chaque aile fera donc sa descente et sa remontée en un peu plus d'une seconde.

Théoriquement chaque battement sera suivi d'un autre; mais en réalité, si on suppose le plan des ailes parfaitement rigide, il s'écoulera une petite fraction de seconde entre les deux mouvements. D'après des essais que j'ai faits sur un modèle d'ailes de $2^m,8o$ de diamètre, j'estime que la fermeture des ailes n'aura lieu qu'après un espace parcouru de $o^m,1o$, ce qui correspond, par battement, à $\frac{1}{14}$ de seconde; si on admet que pendant ce temps l'appareil n'est pas soutenu, il retomberait de $o^m,o2$; pour éviter cette chute périodique, il faut donc qu'à chaque battement l'appareil soit soulevé d'autant, ce qui oblige à augmenter l'effort f de manière que sa valeur corresponde à $x = o^m,o25$.

Si $x = o$, $f = 2458^{kil}$; si $x = o,o25$, $f = 3458^{kil}$, et $r = 71^{kil},5o$ correspond à une vitesse de descente égale à $3^m,74$.

Il est facile de calculer qu'il en résulte un travail moteur total égal à $364^{kgm},5$ par seconde et comprenant : 1° le travail dû à la résistance de l'aile; 2° celui dû à la montée du poids total pendant une seconde, ou $o^m,o2$ par battement. Comme la force sera transmise aux ailes assez directement, on peut admettre que les forces perdues par les frottements ne dépasseront pas $o,37$ du chiffre ci-dessus, ce qui donnerait pour la force à développer par la machine un total de $5oo^{kil}$, soit $6^{chev},5$.

Pour le vol horizontal à pleine vitesse, cette quantité ne dépasserait donc pas, bien certainement, 7^{chev}; un angle d'inclinaison de 1° à 3° n'augmentant pas notablement la force à développer.

Si l'on veut que l'appareil, au lieu de se maintenir en place à la même hauteur, s'élève de $0^m,02$ par battement, il faudra faire dans la formule $x = 0^m,05$, ce qui augmente considérablement l'effort f et le porte à 4368^{kil}; la valeur de r, au contraire, augmente peu, de même que la vitesse de l'aile; on a $r = 72^{kil},2$ correspondant à une vitesse de $3^m,76$.

Le travail consommé dans une seconde est $458^{kgm},6$, et, avec le tiers en sus, 611^{kgm}. Ainsi, pour s'élever, le moteur sera obligé de forcer sa marche : la machine devra donc être construite de façon qu'il y ait dans le cylindre à vapeur une certaine détente, afin qu'on puisse au besoin augmenter sa puissance. Aussi la marche habituelle d'un appareil semblable ne pourra-t-elle être que la marche horizontale ou très-peu inclinée.

Utilité d'une certaine flexibilité dans les ailes ou dans les bras B.

J'ai supposé ci-dessus que le plan des ailes était parfaitement rigide; cette rigidité est défavorable, et si les ailes ont une certaine flexibilité et élasticité, la quantité de travail moteur en sera notablement diminuée; le chiffre ci-dessus est donc un maximum qu'on peut réduire, sans changer d'ailleurs les dimensions. Ainsi :

Que la tige du piston transmette directement le mouvement aux ailes, ou que ce soit par l'intermédiaire d'un arbre coudé et de bielles comme dans l'appareil double que je n'ai pas encore décrit et que je considère comme l'appareil véritablement pratique, au moment où le mouvement de l'aile va changer de sens, le moteur, pendant un temps très-court, agit bien sur le bras B, mais le mouvement est presque nul; l'effort a lieu, mais presque sans vitesse; si à cet instant l'aile qui possède une quantité notable de mouvement est douée d'élasticité, elle continuera à descendre pendant une fraction de seconde, s'appuyant sur l'air et exerçant sur les points b et o les efforts f.

mais en changeant le sens de ces efforts, comme pour le mouvement qui va suivre, à la remontée de l'aile descendue; la suspension de l'appareil continuera donc, en vertu des principes que j'ai déjà développés, et les bandes mobiles de l'aile montante auront le temps de se refermer. Aussi la flexibilité des ailes, qui au premier coup d'œil semble un défaut de l'appareil, devra-t-elle être augmentée, sans nuire toutefois à leur résistance, et l'on y parviendra en plaçant un ressort convenable au point où les tiges de traction saisissent les bras B (*fig.* 22, 23, *Pl. III, II*); c'est ce ressort surtout qui permettra d'anéantir progressivement la vitesse des ailes à leur descente; mais il faudra qu'à leur montée, au contraire, la course du ressort soit limitée, afin que chaque aile *commence à redescendre avant que l'autre ait complétement achevé sa course.* On économisera ainsi la plus grande partie du travail moteur employé dans le calcul ci-dessus à remonter l'appareil de $0^m,02$ à chaque battement, travail dont j'ai voulu cependant tenir compte pour montrer que l'appareil pourrait atteindre un poids plus considérable que celui qui est strictement possible pour son moteur.

Je donnerai plus loin des détails sur la construction des ailes et les autres parties, y compris le moteur; pour le moment, je me borne à faire ressortir les poids des principaux éléments de l'appareil dans les données ci-dessus :

Deux ailes..............................	220^{kil}
Bras B et tige........................	210
Moteur de 7^{chev}...................	1750
Nacelle, poids mort, charge, etc. ..	420
Total....................	2600^{kil}

Dans le poids du moteur, que je compte à 250^{kil} par cheval, je ne comprends que ce qui est strictement nécessaire à la production du mouvement; il sera certainement facile d'atteindre à cette limite, car on fait des locomobiles qui ne pèsent que 290^{kil} par cheval y compris tout le bâti, les roues, etc.; or, ici une partie du bâti est comprise dans le poids de ce que j'appelle la nacelle et qui ne sera que l'enveloppe du moteur.

Appareil mixte à aile parallèle et ailes tournantes. —
Application à un poids déterminé.

J'ai dit, page 22, que l'on pourrait combiner une aile horizontale avec deux ailes tournantes (*fig. 8, Pl. I*). Cette disposition serait surtout applicable à un appareil de petites dimensions : celui que j'ai représenté est calculé ainsi qu'il suit.

L'aile horizontale, d'une superficie de 35^m ou 7^m environ de diamètre, aura une vitesse de $3^m,40$ par seconde pour une valeur de $r = 35^{kil}$ ou 1^{kil} par mètre carré.

Le bras de levier $B = 2^m,22$, $b = 0^m,06$, $B = 37.b$.

Les deux ailes latérales auront chacune 6^m de superficie en forme d'ellipse, de 4^m, pour le grand axe, 2^m pour le petit; leur vitesse sera de 5^m pour le centre de résistance, ce qui donne $2^{kil},20$ par mètre carré, ou pour chacune $r = 12^{kil},25$. Le grand bras $B' = 3^m,22$, le petit bras $b = 0^m,06$, le même que pour la grande aile.

Ces dimensions sont calculées de façon que, pour le cas où $x = 0$, le travail de la résistance de l'aile centrale soit égal au travail des deux ailes latérales, environ 120^{kgm}. Le travail moteur total, y compris celui qui est nécessaire pour élever à chaque battement le poids total de $0^m,02$, est de 220^{kgm} environ, soit 3^{chev}; le poids de l'appareil serait 1350^{kil}, avec la nacelle et une certaine charge supplémentaire, savoir :

Deux ailes....	100^{kil}
Bras et tige........	90
Moteur de 3^{chev}.	750
Nacelle et charge.	400
Total..	1350^{kil}

Influence de la variation de rapports des grandeurs entre
les diverses parties de l'appareil.

Pour bien faire ressortir l'influence des modifications qu'on
peut apporter dans les proportions des diverses parties de l'appareil, je remets sous les yeux les formules (7) et (8) :

$$f = \text{R} \left(\frac{x}{b} + \frac{\text{B} - x}{\text{B} + b - x} \right) \quad \text{et} \quad r = \text{R} \, \frac{b}{\text{B} + b - x},$$

qui donnent, pour $x = 0$,

$$f = \text{R} \, \frac{\text{B}}{\text{B} + b} \quad \text{et} \quad r = \text{R} \, \frac{b}{\text{B} + b}$$

ou

$$f = r \, \frac{\text{B}}{b}.$$

Je crois qu'en donnant le plus possible d'élasticité et de
flexibilité aux ailes, tout en leur conservant la solidité nécessaire, on arrivera à se mettre dans les conditions du second
cas, c'est-à-dire que, l'appareil volant horizontalement, on ne
dépensera que très-peu de travail en sus de celui de l'aile et
des frottements ou pertes de force du moteur, en un mot,
qu'on se rapprochera du cas où $x = 0$.

On voit alors que r est d'autant plus petit que B est plus
grand par rapport à b; que l'effort f est d'autant plus grand
que b est plus petit par rapport à B, mais ne dépasse pas la
valeur de R; que si on veut trop diminuer f on augmente r, ce
qui oblige à donner plus d'étendue à l'aile ou plus de vitesse
à son mouvement; alors, ou bien l'on arrive à des dimensions
impossibles, ou l'on augmente le travail moteur de l'aile à tel
point que le moteur devient beaucoup trop lourd. On est donc
obligé de se tenir dans certaines limites qui varieront suivant

que l'appareil sera de petite ou de grande dimension, suivant qu'il sera destiné à voler horizontalement ou à s'élever. Je ne puis faire ressortir ici en détail toutes ces particularités, et me borne à indiquer les principales : d'ailleurs, tant qu'on n'aura pas fait un essai, la théorie ne pourra que fournir des indications; je ne puis donc avoir la prétention de donner des dimensions ou proportions définitives, et ne chercherai pas à les fixer d'une manière trop absolue, car la pratique viendra certainement modifier toutes ces prévisions.

Ce qui me parait certain, et ce qui ressort du tableau (p. 63), c'est que, même pour un appareil de petites dimensions, on ne peut guère donner à b une valeur au-dessus de $0^m,07$ à $0^m,08$ sans tomber dans l'inconvénient de dimensions exagérées pour les ailes; que le rapport $\frac{B}{b}$, qui est de 36 pour un appareil de 1500 à 2500^{kil}, devra être augmenté jusqu'à 70 et même 80 si on veut porter le poids de l'appareil jusqu'à $50\,000^{kil}$ sans augmenter démesurément le diamètre des ailes; qu'on peut bien suppléer à ce défaut d'étendue de l'aile en augmentant la vitesse de leur mouvement; mais si on dépasse 6 à 7^m, la quantité de travail dépensée par ce seul mouvement en est tellement augmentée, que le moteur devient beaucoup trop lourd; si on veut que l'appareil soit susceptible de porter un certain poids, et ne pas être gêné dans l'établissement de la nacelle et de tous les accessoires, il faut s'arranger de façon que le poids du moteur calculé à raison de 250^{kil} par cheval, et avec les pertes de force dont j'ai parlé, ne dépasse guère la moitié du poids total pour les petites dimensions, et le tiers pour les grandes.

Si, par exemple, sans changer B et b, on augmente la vitesse de l'aile, la résistance r augmente comme le carré de cette vitesse, le poids R augmente dans le même rapport, mais le travail moteur de l'aile, qui est égal à la résistance r multipliée par la vitesse, augmente comme le cube de la vitesse. Si on double cette vitesse, R est multiplié par 4, et le travail moteur est multiplié par 8. Le rapport du poids du moteur au poids R sera donc deux fois plus grand qu'auparavant.

Si, au contraire, on double le rapport de B à b, celui de r à R devient environ deux fois plus petit; en doublant alors la vitesse v, le travail de l'aile rv reste le même; mais l'effort sur chaque mètre carré de l'aile étant augmenté dans le rapport de 1 à 4, il est facile de voir qu'ou pourra multiplier par 8 le poids de l'appareil, sans augmenter la surface de l'aile et sans changer le rapport de ce poids à celui du moteur.

TABLEAU DES DIMENSIONS ET DONNÉES PRINCIPALES DE L'APPAREIL SIMPLE.

	POIDS TOTAL de l'appareil simple.	DIAMÈTRE DE L'AILE.	SURFACE DE L'AILE.	VITESSE VERTICALE de l'aile.	AMPLITUDE du battement.	VALEUR DE V.	RÉSISTANCE DE L'AIR par mètre carré.	VALEUR DE B.	VALEUR DE b.	RAPPORT DE B A b.	TRAVAIL CONSOMMÉ par l'aile (par seconde).	PERTE PAR SECONDE due à la chute de $0^m,02$ par chaque battement.	PERTE DE TRAVAIL par seconde due aux frottements.	TRAVAIL TOTAL consommé par seconde	NOMBRE de chevaux-vapeur.	POIDS DU MOTEUR.
	kil	m	mc			kil	kil	m	m		kgm	kgm	kgm	kgm	chev.	kil
1	2600	9,00	60	3,70	2,20	70,00	1,170	2,52	0,07	36,0	259,00	105,00	136,00	500,00	6,70	1675
2	2600	9,00	60	3,33	2,20	59,30	0,989	3,00	0,07	42,8	199,50	87,00	106,50	393,00	5,20	1300
3	2600	8,00	51	3,70	2,20	59,60	1,170	3,00	0,07	42,8	220,50	99,50	120,00	440,00	5,90	1475
4	2600	9,00	60	3,70	2,20	70,00	1,170	2,16	0,06	36,0	259,00	104,00	130,00	493,00	6,50	1625
5	2600	9,00	60	3,09	2,20	51,00	0,850	3,50	0,07	50,0	159,60	81,40	99,00	340,00	4,40	1100
6	2600	9,00	60	3,09	2,20	51,00	0,850	2,50	0,05	50,0	159,60	88,40	102,00	350,00	4,50	1125
7	100	2,80	6	2,60	1,30	3,60	0,600	1,34	0,05	26,7	9,36	4,14	5,0	18,50	"	"
8	100	3,00	7	2,00	1,20	2,50	0,360	1,36	0,035	39,0	5,00	3,30	3,20	12,00	"	"
9	100	2,80	6	3,40	1,20	2,16	0,360	1,34	0,03	45,2	4,32	3,33	3,45	11,00	"	"
10	1350	7,00	35	3,00	2,20	35,00	1,000	2,22	0,06	37,0	119,00	47,00	55,00	221,00	3,00	750
11	1350	7,00	35	4,00	1,70	28,00	0,800	1,92	0,04	48,0	84,00	50,00	47,00	181,00	2,50	625
12	8000	11,40	100	3,56	2,50	142,00	1,420	4,42	0,08	55,3	568,00	270,00	280,00	1118,00	15,00	3750
13	8000	11,40	100	4,00	2,50	113,00	1,130	3,50	0,05	70,0	402,00	235,00	213,00	850,00	11,50	2875
14	16500	16,00	190	4,00	3,00	270,00	1,420	4,80	0,08	60,0	1080,00	450,00	510,00	2040,00	27,50	6875
15	19200	16,00	190	4,00	3,00	270,00	1,420	4,20	0,06	70,0	1080,00	520,00	550,00	2150,00	29,00	7250
16	21900	16,00	190	4,00	3,00	270,00	1,420	4,00	0,05	80,0	1080,00	590,00	560,00	2230,90	30,00	7500
17	33850	16,00	190	5,00	4,00	418,00	2,220	4,00	0,05	80,0	2090,00	860,00	1050,00	4000,00	53,00	13300
18	49000	16,00	190	6,00	4,00	608,00	3,200	4,80	0,06	80,0	3648,00	1500,00	1752,00	6700,00	89,00	22250
19	49000	18,00	254	5,26	5,00	608,00	2,400	4,80	0,06	80,0	3198,00	1050,00	1452,00	5700,00	76,00	18000

CHAPITRE VI.

APPAREIL DOUBLE OU PRATIQUE. — SA DISPOSITION.

J'ai dit que l'appareil simple n'était, pour ainsi dire, que l'élément de l'appareil pratique; en effet, sa tendance aux oscillations d'avant en arrière et l'inclinaison que prend sa nacelle quand on penche l'axe des ailes le rendraient fort incommode et même dangereux dans les grandes vitesses. Mais, par la combinaison ou la réunion de deux appareils de même dimension, on obtiendra un système stable et susceptible de porter une charge double, dont la nacelle sera constamment horizontale, ou du moins sera facilement maintenue dans cette position : voici quelle sera cette combinaison.

Qu'on se représente deux appareils égaux (*fig.* 20, *Pl. III*), fixés aux extrémités d'une même nacelle longitudinale, à une distance un peu moindre que le diamètre de leurs ailes, c'est-à-dire, par exemple, à $7^m,5o$ si les ailes ont $1o^m$ de diamètre. Un moteur unique sera placé au centre de la nacelle, portant deux cylindres horizontaux qui font tourner en même temps deux arbres coudés s, s, parallèles et horizontaux, autour desquels tournent elles-mêmes les tiges sbe, $s'b'e'$, qui servent d'axe aux ailes, et par lesquels ces tiges supportent la nacelle. Les deux tiges, dans le mouvement d'inclinaison en avant et en arrière qu'on peut leur donner, restent toujours parallèles. Le coude central des axes s, s' fait mouvoir dans son mouvement de rotation la tige qui, dans l'appareil simple (*fig.* 6, *Pl. I*), est désigné par *ts* et qui met en mouvement les bras B des ailes. Les coudes extérieurs des axes *s*, d'une longueur huit à dix fois plus grande que le coude central, sont mis en mouvement par les tiges des cylindres moteurs.

Le tout étant disposé de façon que les deux ailes supérieures des deux appareils se meuvent exactement ensemble, et les ailes inférieures ensemble aussi, chaque paire de ces ailes peut être réunie en une seule, de surface équivalente, qui sera dirigée dans son mouvement vertical par deux axes parallèles *be*, *b'e'*, et tirée verticalement par quatre tiges qui la réunissent aux quatre bras B correspondants. Les quatre tiges de l'avant sont un peu plus courtes que celles de derrière, de façon que, quand les axes *be* sont inclinés de l'angle α correspondant à la plus grande vitesse habituelle, le plan des ailes soit perpendiculaire aux axes *be*, ou incliné à l'horizon du même angle α. De cette façon, quand on fera varier légèrement l'inclinaison des axes *be*, le plan des ailes sera suffisamment perpendiculaire pour ne pas faire perdre beaucoup de force, et, pour le cas où *be* serait vertical, cette inclinaison des plans de l'aile serait sans inconvénient.

Il est bien clair que tout ce que j'ai dit du mouvement vertical et du mouvement horizontal de l'appareil simple s'applique à l'appareil double, car chacun de ses éléments fonctionne comme s'il était seul, à la condition que le moteur, par l'intermédiaire des axes coudes *s*, *s'*, exerce, dans l'*axe des tiges be*, *b'e'*, une traction égale à R, que cet axe soit vertical ou qu'on l'incline; je montrerai, en parlant du moteur en particulier, que c'est en effet ce qui a lieu. Il reste à indiquer comment ce dispositif est beaucoup plus stable que l'appareil simple.

Les mouvements latéraux ou de *roulis* seront les mêmes, mais ceux-là ne sont pas à craindre pour la stabilité, car ils n'affectent pas l'angle sous lequel les ailes descendantes viennent frapper l'air dans le vol horizontal; ils n'ont donc aucune tendance sensible à modifier la vitesse du vol et à le déranger ; quant au mouvement de *tangage*, voyons ce qui peut se produire.

Mouvement vertical de l'appareil double. — Grande stabilité de l'appareil.

Je suppose les tiges *be*, *b'e'* (*fig.* 24, *Pl. II*) verticales ; on aura soin que le centre de gravité total G soit situé au milieu de la distance *ss'* ; de cette façon chaque tige *be*, *b'e'* est chargée, en *s* et *s'*, d'un poids R égal à la moitié du poids total : si les tiges restant verticales, on fait mouvoir les ailes, chacun des points *s* et *s'* tendant à s'élever ou à s'abaisser exactement de la même quantité, l'axe de la nacelle restera parallèle à lui-même ; et remarquons que, l'appareil étant beaucoup plus dense que l'air, le mouvement de l'atmosphère, du vent, sera loin d'avoir sur lui la même prise que sur un aérostat ; quelque fort qu'il soit, il n'aura pas pour effet de soulever brusquement ou d'abaisser une des extrémités ; chacune de ces extrémités ne pourra que se déplacer à chaque battement d'un petit nombre de centimètres ; cependant il pourrait arriver qu'au bout d'un certain nombre de battements, par suite d'une petite inégalité dans le chargement des deux appareils, la nacelle finit par s'incliner notablement, soit en avant, soit en arrière ; le conducteur de l'appareil en sera facilement averti par un *niveau* facile à imaginer, et sur lequel il devra de temps en temps jeter les yeux : le meilleur moyen de rétablir l'horizontalité sera d'avoir une charge supplémentaire qui se composera ou du combustible ou de l'eau d'approvisionnement, et qui sera facilement mobile dans le sens de la longueur de la nacelle, sur un trajet de quelques décimètres ; cela suffira pour rétablir, au bout de quelques battements, l'horizontalité perdue, qui, je le répète, ne pourra se perdre que très-lentement, l'appareil *ne pouvant se balancer par des oscillations de tangage.*

Mouvement de translation de l'appareil double.

Examinons maintenant ce qui va se passer si on incline en avant, d'un angle α, les deux tiges *be* et *b'e'* (*fig.* 24, *Pl. II*) qui restent parallèles et sont reliées ensemble à leur extrémité supérieure par la tige rigide *ee'*. Par suite de leur mouvement en avant, le centre de gravité total G' se trouvera un peu avancé aussi, au-dessous ou au-dessus de la ligne *aa'* qui représente la direction de la résultante des résistances de l'air au mouvement horizontal de l'appareil. Les tiges *be*, *b'e'* faisant corps avec tout le reste de l'appareil, le point d'application de l'effort R', qui s'exerce dans l'axe de ces tiges, peut être supposé en un point quelconque de cet axe, et par conséquent aux points d'intersection avec la direction *aa'* de la résistance de l'air; en ces points *a* et *a'*, l'effort R' se décompose en deux, l'un vertical, $R' \cos\alpha$, qui supporte le poids d'une partie de la nacelle; l'autre, $R' \sin\alpha$, qui produit la vitesse et est égal à la moitié de la résistance de l'air.

La direction des composantes verticales $R' \cos\alpha$ vient couper, en *n* et *n'*, l'horizontale qui passe par le centre de gravité total G'; la ligne *n*G' n'est plus égale à *n'*G', il en résulte que les deux composantes, qui sont égales, n'ont plus à supporter une même partie du poids total; pour rétablir l'équilibre, il faudra donc reporter un peu en avant le centre de gravité G', ce qui se fera, comme je l'ai dit, au moyen d'un poids mobile que le conducteur de l'appareil fera marcher un peu en avant, d'une quantité qu'il sera facile de calculer dans chaque cas et pour un angle d'inclinaison α donné. Si, pendant le vol horizontal, la nacelle vient à perdre peu à peu son horizontalité, le conducteur la rétablira par le même procédé; s'il veut ralentir sa vitesse, il réduira l'angle d'inclinaison α et diminuera un peu la vapeur; s'il veut, au contraire, l'accélérer, il augmentera cette inclinaison et donnera un peu plus de va-

5.

peur, les cylindres moteurs étant établis de façon qu'il y ait dans chacun une petite détente pour augmenter ou diminuer la force de la machine dans une certaine proportion.

Si l'on veut obtenir la plus grande vitesse possible dans le vol de cet appareil, il faudra évidemment que la nacelle soit aussi étroite et effilée que possible; du côté de l'avant, elle se terminera par une arête verticale. Le conducteur de l'appareil devra se trouver sur l'avant de cette nacelle, de façon à voir où il va; il aura à la portée de la main un levier qui lui permettra de faire varier à son gré l'inclinaison des axes be, $b'e'$ et de les fixer dans leur position, un autre levier qui lui permette d'augmenter ou de diminuer la force de la machine; il devra avoir les yeux sur un niveau qui lui indique si la nacelle est horizontale, et pouvoir rétablir le centre de gravité au milieu des deux appareils; enfin il aura aussi à sa portée la queue du gouvernail.

Gouvernail.

Les changements de direction dans le mouvement de translation (*fig.* 20, *Pl. III*) auront lieu facilement au moyen d'une queue ou gouvernail d'une forme plane, verticale et susceptible de se mouvoir à volonté autour d'une charnière verticale qu'on placera sur l'arête qui termine la nacelle à l'arrière comme à l'avant. L'étendue de ce gouvernail ne saurait être calculée à l'avance d'une manière exacte; plus il sera long, plus la courbe que l'appareil sera susceptible de décrire en volant sera roide : l'expérience seule peut permettre de fixer ses dimensions en longueur. La queue de l'oiseau vivant s'étale horizontalement et lui sert surtout pour s'arrêter et changer la direction de son vol dans le plan vertical; le gouvernail de l'oiseau mécanique ne saurait jouer ce rôle dans un appareil dont la masse est beaucoup trop considérable pour cela. La queue de l'oiseau, chez certaines espèces, a la propriété de tourner en s'approchant du plan vertical, de façon à aider pour les changements de direction, mais elle sert surtout pour s'opposer au renversement du corps de l'animal dans le plan vertical de la direction de son vol, renversement d'autant plus facile que le point d'attache des ailes est à peu près à la même hauteur que le centre de gravité.

L'appareil double a sur l'appareil simple d'autres avantages que celui de la stabilité : l'aile, quoique d'une surface double, est beaucoup mieux maintenue parallèle à elle-même, et l'angle que son plan fait avec l'horizon se soutient à peu près constant, ce qui est essentiel pour la régularité et la sûreté du vol. La nacelle peut avoir une forme plus effilée, ce qui diminue la résistance de l'air; enfin, à égalité de force motrice, et sous un même angle d'inclinaison des tiges *be*, on aura une force de traction plus considérable, et par suite une vitesse beaucoup plus grande.

Détails de la construction de l'aile.

La charpente de l'aile circulaire se compose de douze rayons en bois de frêne blanc (*fig. 21*, *Pl. III*), bien de fil, ou même de sapin du Nord, à section elliptique, amincis d'une manière telle, qu'ils présentent sur toute leur longueur une égale résistance, calculée comme s'ils avaient à supporter une charge permanente égale à l'effort qu'ils exercent sur l'air dans le mouvement de l'aile. Ainsi, pour l'aile de l'appareil de 2600^{kil}, la résistance r est égale à 72^{kil}, soit 6^{kil} par rayon. Cet effort est réparti, non pas d'une manière régulière sur toute l'étendue, mais de façon que la résultante s'exerce à une distance égale aux deux tiers de la longueur du rayon. La tige de frêne aura pour section elliptique de la base 0^m,074 sur 0^m,040 au gros bout, et 0^m,036 sur 0^m,018 au petit bout. Avec ces dimensions elle serait susceptible de supporter une charge seize fois plus forte avant de se rompre : je l'ai vérifié par des expériences directes.

Ces tiges sont reliées dans un moyeu léger, en fer, qui les serre parfaitement, leurs axes longitudinaux étant contenus dans un même plan (*).

Pour donner à ces rayons plus de résistance à la rupture, on les entourera d'une hélice continue et serrée formée d'une petite corde à boyau de 1 millimètre environ de diamètre : leurs extrémités seront ensuite reliées par un double contour d'un fil de laiton de $0^m,004$ environ de diamètre bien tendu. Une première série de fils parallèles distants de $0^m,12$, en laiton, de $0^m,0015$ environ de diamètre, sera tendue sur les rayons et les fils du contour. Ces fils sont destinés à servir de charnière aux bandes de toile : une autre série de fils de même force est tendue transversalement aux premiers, mais à $0^m,25$ de distance les uns des autres, et ceux-ci sont destinés à maintenir l'écartement des charnières. Ils sont soudés ensemble à chaque point de croisement ; le tout est relié aux rayons de la charpente de manière à présenter une surface tendue et assez résistante pour n'éprouver qu'une légère flexion à la descente de l'aile, flexion qui disparait à sa remontée.

Les bandes qui ferment ces treillis sont en toile, ou mieux en soie serrée et forte recouverte d'un vernis gras ou résineux qui leur donne une certaine roideur et leur permet de supporter la charge de la pression de l'air, environ $0^{kil},020$ par décimètre carré, sans s'écraser ; il est bien entendu qu'il faut que la toile puisse supporter une pression trois fois plus forte au moins, et si l'on craignait qu'elle ne s'infléchit, suivant le cas, il y aurait peut-être avantage, au lieu de donner plus de force à la toile, à intercaler entre la première série de fils une autre série d'un diamètre beaucoup plus fin, destinée à étayer les bandes. Celles-ci auront une largeur de $0^m,15$, afin de se recouvrir de $0^m,03$ et de mieux intercepter le passage de l'air ; le fil qui leur sert de charnière passera dans une petite gaîne bien cousue :

____

(*) *Voir* la Note I, page 92.

l'ensemble du treillis et de la toile ne pèsera que 0^{kil},400 à 0^{kil},500 par mètre carré, pour une aile de 9^m à 10^m de diamètre : pour une aile plus petite on diminuera la force des fils et le poids de la toile imperméable, et il y aura avantage à employer une étoffe de soie ferme et serrée : pour des ailes plus grandes on augmentera la force des fils et de la toile dont les bandes pourront être plus larges, 0^m,25 à 0^m,30.

Parallèlement au bord des bandes et à 0^m,02 de ce bord on glissera dans une petite gaîne longitudinale un petit ressort d'acier plat de 0^m,004 environ de largeur, ou mieux encore d'aluminium, destiné à donner de la roideur au bord des bandes sans trop augmenter leur poids ; et d'autres morceaux de même ressort dans un sens perpendiculaire, c'est-à-dire sur la largeur de la bande, et de 0^m,50 en 0^m,50 environ. Chaque bande ne sera pas continue d'une seule pièce sur toute la longueur de la corde du cercle, parce que le plan qui les contient se courbant légèrement, le mouvement de la bande autour de la charnière en serait gêné : chacune d'elles sera coupée de 2^m en 2^m, à partir du diamètre central, et chaque morceau recouvrira le précédent de 0^m,02 à peu près, auquel il sera cependant lié de manière que l'un ne puisse se mouvoir sans entrainer l'autre. Toutes ces bandes seront enfin reliées, par un point de leur bord mobile, à une série de forts fils de soie perpendiculairement à leur direction et distants de 1^m ; ces fils les rendront toutes solidaires et les empêcheront de s'ouvrir de plus de 75° environ, afin qu'elles se referment plus rapidement dans le vol vertical.

J'ai fait construire un système de deux ailes d'un diamètre de 2^m,80, formées de rayons en frêne de 0^m,022 sur 0^m,012 au gros bout, et 0^m,015 sur 0^m,007 au petit bout, dont le treillis fait comme je l'ai dit plus haut, mais en fils de laiton de 0^m,0003, distants de 0^m,05, supportait des bandes de 0^m,11 de largeur pesant environ 0^{kil},125 par mètre carré. L'aile entière avec sa douille centrale pesait 4^{kil},50 ; on leur donnait un mouvement de 3 mètres environ par seconde, les bandes se fermaient et s'ouvraient parfaitement ensemble, et le tout n'était nullement fatigué par les secousses; les changements de sens dans le mouvement n'ébranlaient nullement les tiges ou rayons qui ne prenaient pas de flexion sensible. Il est bien évident que dans le vol proprement dit, le mouvement de ces bandes serait bien plus facile encore, puisqu'elles ne s'ouvriraient que de 6° à 15°, suivant la vitesse, et il est probable qu'on pourra leur donner plus de 0^m,15 de largeur, sauf à voir le mouvement d'ascension verticale un peu gêné.

Je n'ai pas remarqué non plus, dans les essais que j'ai faits, que le mouvement de l'aile supérieure, quand elle va s'arrêter, ou plutôt le mouvement de l'air qu'elle chasse devant elle, gênât ou retardât la fermeture des bandes de l'aile inférieure, qui est remontée et qui va redescendre. En effet, la seconde se rapprochant de la première, à la toucher presque, ne fait que se substituer à elle, et doit fonctionner comme le ferait celle-ci si elle continuait sa course plus bas; si cela se passe ainsi dans le mouvement vertical, à plus forte raison dans le mouvement de vol, où les bandes ont bien moins de chemin à faire pour se fermer.

Il est facile de répéter une expérience que j'ai faite et qui prouve bien dans quelles conditions, l'une par rapport à l'autre, et eu égard à l'air déplacé, se meuvent les deux ailes. Si on fait mouvoir rapidement dans l'air un plan mince, parallèlement à lui-même, on observe que l'air déplacé s'échappe entièrement par côté, et que le mouvement ne se transmet à l'air devant le plan qu'à une très-petite distance de ce plan; c'est-à-dire que l'air ne se met en mouvement qu'au moment où il est atteint par le plan; on observe à peu près le même effet dans l'eau. Ce fait prouve que l'aile inférieure de l'appareil pourra descendre très-près de la nacelle, sans que la présence de la surface de celle-ci fasse naître de résistance nuisible au mouvement de l'air que l'aile chasse devant elle.

Tout cet ensemble de l'aile parait à l'œil un peu grêle, et cependant, si elle est construite avec soin, les points d'attache bien établis, les fils bien fixés et soudés, la toile ferme sans être épaisse, on se rend compte avec un peu de réflexion qu'elles présenteront toute la résistance nécessaire, même contre un coup de vent subit qui ne peut les frapper que très-obliquement et ne produira, par conséquent, qu'une action bien inférieure à celle qu'elles peuvent supporter normalement. Dans le mouvement rapide qu'on leur communique, l'air étant un corps presque sans masse et très-élastique ne peut occasionner aucune secousse brusque, et leur propre élasticité, outre qu'elle est favorable, comme je l'ai dit, au mouvement du vol, contribue encore à augmenter leur solidité.

La douille de l'armature centrale ou moyeu devra avoir une certaine longueur, afin que le plan des ailes soit plus fixe sur l'axe de glissement et ne tende pas à s'incliner à droite ou à gauche de leur mouvement de translation. Dans le sens de la longueur de la nacelle ou du mouvement, cette douille devra présenter un certain évasement afin de se prêter aux changements d'inclinaison de l'avant à l'arrière qu'on voudrait faire subir aux ailes; dans le sens transversal, la douille glissera le long de la tige directrice, sans frottement dur, mais sans trop de ballottement.

Tiges ou axes de glissement des ailes.

Les tiges *be* seront en bois de sapin bien dressé, ou en tôle mince, bien polie; il faut remarquer qu'elles n'ont à subir d'autre effort que celui provenant de la résistance de l'air contre elles-mêmes et contre la tranche des ailes. Elles seront reliées ensemble par leurs extrémités supérieures.

Les tiges de traction, en bois de frêne ou tôle mince, saisissent à peu près le milieu des deux rayons opposés de chaque aile; ces rayons, qui supportent, par conséquent, le poids de l'aile, devront avoir un peu plus de force que les autres. La jonction a lieu au moyen d'une articulation qui permet un certain mouvement de rotation; les tiges de traction seront aussi légères que possible et présenteront une section d'égale résistance.

Les tiges de l'aile supérieure traversent l'aile inférieure par une ouverture étroite de $0^m,20$ à $0^m,30$ de long; les quatre tiges de l'arrière seront susceptibles de s'allonger ou de se raccourcir de $0^m,10$ à $0^m,15$, afin que l'on puisse faire varier un peu l'inclinaison du plan des ailes sur l'axe.

Bras ou leviers des ailes.

Ces bras seront en fer de première qualité, ou même en acier; il faut leur donner de la force, et en même temps (*fig.* 23, *Pl. II*) toute la légèreté possible. Ils auront un profil formé d'une partie plane, verticale, renforcé par une nervure au centre; les tourillons et les brides qui les saisissent, enfin tout ce qui concerne le mouvement des bras, devra être traité avec toutes les précautions et artifices nécessaires pour diminuer le frottement et assurer la solidité de cet organe essentiel. Il en sera d'ailleurs évidemment de même, non-seulement de ces bras et des ailes, mais du moteur et de toutes les parties de l'appareil, car un semblable moyen de transport ne présentera un peu de sûreté qu'au prix des soins les plus minutieux dans sa construction.

Chaque bras B de l'appareil simple porte, à chaque extrémité, la moitié du poids de l'aile; mais il convient de remarquer qu'à la descente ce poids est diminué de toute la résistance de l'air qui agit en sens contraire. Dans l'appareil de 2600^{kil} dont j'ai donné les principales dimensions, ces bras auront une section maximum de $0^m,01$ sur $0^m,08$, sauf la nervure, et pèseront chacun environ 32^{kil}, si on leur donne une longueur de $2^m,50$ pour la moitié, ou 5^m de longueur totale.

Dans un appareil de petite dimension, tant que les tourillons du levier B ne dépasseront pas 3 à 4 centimètres de diamètre, ils seront organisés à la manière ordinaire avec toutes les précautions nécessaires pour diminuer le plus possible le frottement, mais il n'en sera pas de même si l'appareil arrive à des proportions considérables.

Si, par exemple, les tourillons autour desquels s'effectuent la rotation et le tirage des bras de levier ont $0^m,12$ à $0^m,15$ de diamètre, pour qu'ils fussent indépendants l'un de l'autre il faudrait donner à b une longueur de $0^m,30$ à $0^m,40$. Or, à moins de donner à l'aile une surface impossible, ou à sa vitesse une valeur beaucoup trop grande aussi, l'augmentation de b entraînerait celle de B dans le même rapport, ce qui est également inadmissible vu le grand poids qui en résulterait pour cet organe de l'appareil.

D'un autre côté, on remarquera que si l'appareil est de très-grandes dimensions; s'il est, par conséquent, destiné surtout à voler horizontalement plutôt qu'à s'élever fréquemment, on peut, sans augmenter trop les limites des valeurs à donner à f (*voir* la formule 7), diminuer b, de façon que le rapport $\frac{x}{b}$ reste inférieur à l'unité. On pourra réduire cette longueur à $0^m,06$ ou $0^m,08$ au plus et conserver alors le rapport $\frac{B}{b}$ qui donne à B des dimensions très-convenables; le frottement qui en résulte dans le mouvement des tourillons n'en sera pas augmenté, ce frottement ne dépendant que de la valeur de l'effort f et nullement du rapport de ces longueurs (1).

Les tourillons seront alors disposés en forme d'excentrique, le plus grand au centre du bras B, et pour diminuer le frottement on les fera tourner dans un collier de galets roulants en acier.

(*) *Voir* la Note II, page 92.

Ressorts de traction des ailes.

Pour donner aux ailes l'élasticité dont j'ai parlé (page 57), les tiges de traction seront articulées, non pas avec l'extrémité des bras B (*fig.* 23, *Pl. II*), mais avec celle d'un ressort suffisamment fort et flexible, qui, à la remontée et à la descente de l'aile, sera dirigé dans le sens de l'axe du bras B et ne fléchira que par l'effet de l'inertie ou de la quantité de mouvement de l'aile quand le bras B sera arrivé à la fin de sa course descendante : cette flexion sera limitée par une bride. Le ressort, au lieu d'être en ce point, pourrait être placé au sommet de la tige de traction entre la tige et l'aile, où il produirait le même effet. Le bras B lui-même n'en aura pas moins toute la longueur calculée, afin qu'il puisse maintenir et guider le ressort jusqu'au moment où celui-ci se sépare entraîné par l'aile qui continue sa descente ; seulement la force de ce bras pourra être diminuée à son extrémité, au delà du point d'attache du ressort.

De la fixité du plan des ailes dans le sens transversal.

On a vu (page 16, *fig.* 6, *Pl. I*) que les bras du levier B, saisis aux points o et o' par la tige motrice du piston, étaient mis en mouvement par la traction verticale exercée en ces points, de bas en haut et de haut en bas alternativement. Quoique l'extrémité s de la tige du piston soit maintenue dans l'axe be et ne puisse s'en écarter, que les longueurs so, so' soient invariables ; comme les petits bras de levier bo, bo', ou la longueur que j'ai désignée par b, sont très-courts par rapport à la longueur totale bc, bc' que j'ai désignée par B, on voit qu'il est à craindre que les extrémités c, c', d, d' des bras B n'éprouvent un certain fouettement d'où résulterait un balancement, dans le sens transversal, du plan des ailes. Ce fouettement n'aurait rien de grave pour le mouvement de l'appareil proprement dit, mais il tendrait à augmenter les frottements, à user les tourillons, et, en cas de secousse brusque, à exercer un effort très-considérable sur ces tourillons si, ce qui est peu probable, cette secousse ou effort ne s'exerçait pas également sur les deux côtés de l'aile. On empêchera cet effet en reliant les deux bras B par les tiges nm, $n'm$ articulées aux points n, n' à une distance du centre de rotation b égale à $0^m,60$ ou $0^m,70$, soit environ dix à douze fois le petit bras b, et articulées ensemble au point m qui sera assujetti à se mouvoir le long de l'axe be et sera maintenu par lui. Ce demi-parallélogramme mobile n'exerçant le plus souvent aucun effort ne produira pas de frottement ni de perte sensible. De cette façon le plan des ailes sera parfaitement maintenu et dans le sens longitudinal et dans le sens transversal.

CHAPITRE VII.

DU MOTEUR.

—————

Appareil simple.

L'espace vertical parcouru par la tige *st* ou par les points *o* et *o'* variera suivant la valeur de *b* et l'amplitude qu'on voudra donner au battement, mais ne sera jamais que de quelques centimètres. L'effort exercé en *o* et *o'* se calculera par la formule qui donne la valeur théorique de *f*, à laquelle il faudra ajouter une certaine quantité pour les pertes de force dues aux frottements.

Le mouvement devra être transmis le plus directement possible, de manière à diminuer ces frottements; mais de quelque manière que le moteur soit disposé, qu'il agisse par un seul cylindre directement sur les points *o* et *o'*, ou par l'intermédiaire d'un arbre coudé, il ne faut pas perdre de vue que l'effort R′ de soulèvement, qui a lieu au point *b*, doit être toujours dirigé dans l'axe de la tige directrice *be* quelle que soit l'inclinaison qu'on donne à cette tige: cette condition est facile à remplir et je n'ai pas besoin d'insister sur ce point: je dirai seulement, si l'on fait l'essai sur un appareil d'un faible poids, qu'on pourra peut-être éviter l'emploi d'un volant en arrêtant le mouvement de chaque aile, à la fin de sa course, par un fort ressort agissant sur le point S ou les points *o* et *o'*, lequel restituerait ainsi à l'effort *f* une partie du travail qu'il aurait absorbé.

Il est à peu près inutile d'ajouter que le moteur devra être
une machine sans détente ni condensation ; qu'on devra employer les combustibles les plus riches, le pétrole par exemple ;
réduire autant que possible tout ce qui peut l'être sans com-
promettre la solidité ; l'aluminium pourra trouver ici son emploi, soit pour la charpente des ailes, soit pour leur armature
centrale, mais on arrivera certainement à se renfermer dans les
limites de poids que j'ai supposées, sans recourir à ce métal,
encore fort coûteux.

Du moteur dans l'appareil double ou pratique.

Du reste, même pour un essai, on fera mieux de construire
un appareil double, car si on réussit dans le fait capital de la
suspension, les tâtonnements, les expériences sur l'inclinaison à donner aux ailes, sur la vitesse et toutes les autres circonstances du vol, etc., seront bien plus faciles et concluantes
de cette façon qu'avec l'appareil élémentaire, trop sujet au
balancement.

Il est évident que dans l'appareil double une des premières
conditions à remplir par le moteur, c'est que l'avant et l'arrière
de chaque aile se meuvent parfaitement ensemble.

Cette condition de la rigoureuse concordance et de l'isochro-
nisme des battements sera facilement obtenue si l'on fait usage
d'un seul moteur composé de deux cylindres à vapeur, horizontaux et parallèles, situés au milieu de l'intervalle des deux
tiges bc, $b'e'$ (*fig.* 20, 22, *Pl. III*) et à la hauteur des axes s
autour desquels tournent ces tiges de glissement. Les axes s
seront munis à leur milieu d'un coude ou d'un excentrique par
le moyen duquel s'exercera l'effort f sur les points o et o' des
bras B (*fig.* 25, 26, 27, *Pl. II*), par l'intermédiaire de la tige st ;
ce coude n'aura que quelques centimètres de long, c'est-à-dire
la moitié de la course verticale du point s. Les extrémités des
axes seront elles-mêmes coudées, perpendiculairement au coude

central, en forme de manivelles d'un rayon environ dix fois plus
grand que celui du coude central, et opposées l'une à l'autre ;
ces manivelles seront conduites deux à deux par les tiges des
pistons moteurs ; il est facile de se rendre compte que dans ces
conditions la résultante des efforts qui s'exerceront sur les
deux axes coudés sera à très-peu près dirigée dans le sens de
l'axe de la tige *be* de glissement des ailes, quelle que soit l'inclinaison qu'on donne à cette tige, soit en avant, soit en arrière,
de manière que l'effort de soulèvement R' sera toujours dirigé
dans le sens de cet axe (*).

Je ferai remarquer, en passant, que les efforts f qui s'exercent sur les tiges de chacun des appareils doivent être égaux,
si le centre de gravité total du système est au milieu de l'intervalle qui les sépare ; mais en faisant varier cet effort, sans
changer l'amplitude du battement postérieur, et donnant à la
partie antérieure de l'aile plus ou moins de largeur qu'à la partie
postérieure, il est facile de voir qu'on pourra déplacer le centre
de gravité total, et le porter soit plus en avant, soit plus en
arrière.

Je passe sous silence ce qui a rapport aux détails du moteur
et de la nacelle, dont l'établissement ne présente pas de diffi-
cultés particulières et réelles ; le moteur proprement dit n'aura
rien d'inusité dans sa disposition ; quant à la nacelle, on devra
la faire aussi légère que possible dans son enveloppe ; l'avant
seul devra présenter de la résistance, à cause de la grande pression de l'air dans les mouvements rapides. La charpente en
bois et fer qui soutient le moteur et le relie aux deux appareils des ailes doit avoir aussi une grande rigidité : c'est la base
de toute la construction.

Il faudra que le conducteur de l'appareil ait constamment
sous la main un dispositif simple qui lui permette de changer

---

(*) *Voir* la Note III, page 93.

rapidement l'inclinaison des axes *bc*, et de déplacer de quelques centimètres le centre de gravité général de tout le système; pour cela, il aura aussi sous les yeux un niveau qui lui indique constamment la pente longitudinale de l'axe de la nacelle, axe qui doit rester sensiblement horizontal, mais sera sujet à se déplacer légèrement, comme je l'ai dit.

———

CHAPITRE VIII.

ACTION DU VENT SUR LES AILES ET SUR TOUT L'APPAREIL DOUBLE.

Il est indispensable que les bandes des ailes soient toutes parallèles et s'ouvrent dans le même sens, afin que l'air agisse sur toutes de la même façon et quelle que soit la direction du mouvement. L'action de l'air est dirigée dans le sens de l'axe du vaisseau, perpendiculairement aux bandes si l'air est calme ; voyons ce qui se passera s'il fait du vent : examinons d'abord son effet sur les bandes des ailes, nous verrons ensuite son effet sur la nacelle, c'est-à-dire sur l'appareil entier et sa direction.

Action sur le mouvement de l'aile.

Le vent soufflant d'un point de l'horizon, soit en avant des bandes, soit en arrière, je le suppose très-fort, une tempête dont la vitesse est de 20^m par seconde : s'il vient d'un point quelconque, mais *en avant*, quelle que soit d'ailleurs la vitesse d'impulsion de l'appareil, cette vitesse, combinée avec celle du vent, donnera une résultante *am* (*fig.* 28, *Pl. III*) tendant à fermer les bandes à la remontée de l'aile, un peu plus que dans un air calme. A la descente, l'aile sera pressée en dessous par cette résultante, qu'on peut supposer horizontale, et qui, à moins que le vent ne soit *debout*, sera oblique au plan de l'aile et se décomposera en deux parties : l'une dans la direction de la marche de l'appareil, l'autre perpendiculaire. La première sera équilibrée par l'effort f, et il est facile de se rendre compte que, pour continuer à marcher avec la même vitesse absolue, l'effort f restant le même, la vitesse de descente de l'aile devrait diminuer, si d'ailleurs la force d'*entraînement* en arrière n'était augmentée et n'obligeait à augmenter l'inclinaison des tiges be, et par suite l'effort f.

Quant à la seconde composante, celle qui est perpendiculaire à la marche de l'appareil, elle n'aura pas d'effet sur le mouvement descendant de l'aile.

Si le vent souffle en arrière de la direction des bandes (*fig.* 29, *Pl. III*), il se composera de même avec la vitesse due au moteur, et la résultante agissant sur l'aile remontante tendra à fermer les bandes un peu moins que si l'air était calme. Sur l'aile descendante cette résultante, décomposée comme dans le premier cas, donnera une composante parallèle à la direction du mouvement, qui agira comme si la vitesse de la nacelle dans un air calme était diminuée, et une composante perpendiculaire qui n'aura aucun effet sur le mouvement de l'aile.

Si le vent soufflait directement en poupe avec une vitesse égale à celle que peut donner l'impulsion, le vaisseau aérien pourrait évidemment marcher avec cette vitesse par l'effet du vent seul, les ailes n'ayant alors autre chose à faire que de soutenir la nacelle verticalement, comme dans le cas d'une simple ascension verticale. Je ne dis rien du cas où la vitesse du vent serait plus forte que celle due au moteur, et dans le même sens, car ce cas ne saurait arriver.

Ainsi, quel qu'il soit, le vent n'empêchera pas le jeu régulier des bandes, et, en ce qui concerne le mouvement descendant des ailes, il agira à l'avantage du moteur s'il vient de l'avant, en ce sens qu'il augmentera l'effet de l'impulsion sous les ailes, mais à son désavantage, en ce sens qu'il retardera la vitesse et obligera à augmenter l'inclinaison des tiges be : s'il vient de l'arrière, il agira toujours à l'avantage du moteur en augmentant la vitesse de marche sans dépense de force.

Action sur la nacelle.

L'effet direct du vent sur la nacelle et les parties fixes de l'appàreil n'aura pas le même avantage, parce qu'il tendra à l'entraîner hors de sa direction avec une force beaucoup plus grande que la petite composante qui résulte de son effet sur les ailes.

Ainsi, la nacelle dessinée (*fig.* 20, *Pl. III*) présente par le travers une surface de 19^{mq} environ, non compris le gouvernail ; sa paroi est rectiligne dans le sens vertical, et une très-forte brise, dont la vitesse est de 10^m par seconde, venant à la frapper à angle droit, y produirait une pression de plus de 13^{kil} par mètre carré ; cette force diminuerait évidemment si la surface était arrondie, si la nacelle se présentait obliquement, et si, en outre de son mouvement en avant, elle dérivait sous l'effet du vent, parallèlement à elle-même ; mais que résulterait-il de l'effet du vent, quelle serait son influence sur la vitesse résultante ? il serait difficile de rien préciser à cet égard ; voici tout ce qu'on peut dire en général et *à priori.*

L'action du vent ne peut être calculée de la même manière que pour un vaisseau nageant sur l'eau, attendu que l'appareil aérien est complétement entouré du fluide qui l'entraine.

Direction que prend la nacelle sous l'influence du vent. — Emploi de deux gouvernails.

L'axe de la nacelle étant dirigé de manière à prendre la route *cd* avec la vitesse *cd* (*fig.* 30, 31, *Pl. III*) sous l'action du moteur qu'elle porte, si le vent vient à la frapper sous la direction *ce* avec la vitesse *ce*, il tend à lui donner dans ce sens la même vitesse : elle prendra donc la direction et la vitesse *cf* résultante. Mais pour qu'elle conserve cette direction, il faut qu'elle conserve aussi l'orientation de son axe et que le moteur agisse toujours dans une direction parallèle à *cd*; or, quelle que soit la forme de la nacelle, quand bien même la résultante de l'impulsion du vent passerait toujours par le centre de gravité de l'appareil, ce qui ne peut avoir lieu dans chaque cas, le vent finirait toujours par faire tourner la nacelle sur elle-même, et l'on n'empêchera cet effet que par tâtonnements, avec le gouvernail, en augmentant ou diminuant la prise du vent sur l'arrière, en même temps que ce mouvement de gouvernail augmentera la tendance que, par l'effet de sa vitesse, la nacelle a, par elle-même, à tourner dans un sens ou un autre. On ne saurait produire le même effet par une modification constante dans la forme de la nacelle, car si le vent vient de l'avant, on aurait avantage, sous ce rapport, à porter le centre de gravité plus en arrière; si le vent vient de l'arrière, il vaudrait mieux que le centre de gravité fût plus en avant. Il sera donc préférable, je crois, de donner à la nacelle une forme symétrique et de placer le centre de gravité au milieu. Je crois aussi qu'il sera nécessaire d'avoir deux gouvernails, l'un à l'arrière, l'autre à l'avant, mais je n'insiste pas sur ce point qui demanderait de trop longs développements pour être justifié.

Toutefois, je rappellerai ici que si par d'autres considérations on avait intérêt à placer le centre de gravité en avant ou en arrière du centre de figure, ou plutôt du milieu de l'intervalle entre les deux ailes, il suffirait pour cela, tout en laissant égales les amplitudes des battements des deux systèmes de bras, de donner à l'aile plus ou moins de largeur à l'avant qu'à l'arrière; il est facile, après tout ce que j'ai dit, de se rendre bien compte de cette possibilité, dont j'ai déjà parlé page 80.

Ainsi, si le vaisseau veut se diriger sur le point *f*, le vent soufflant de *ce*, il cherchera, en tâtonnant avec le gouvernail et en modifiant la vitesse due au moteur, quelle est la direction *cd* sur la quelle il doit tenir son axe : ce que je dis là n'a rien de précis, mais suffit pour montrer que, même avec un vent très-fort, il sera toujours possible de se diriger sur un point déterminé, le vent fût-il complétement debout, ou par le travers.

CHAPITRE IX.

RÉSUMÉ ET CONCLUSIONS.

Propriétés générales de l'appareil.

En résumé :

J'ai expliqué, ce qui n'avait point été fait encore, par quel artifice dynamique et suivant quelle loi mathématique a lieu la suspension dans l'air de l'oiseau vivant ; j'ai montré que sur ces principes il était possible de construire un appareil mécanique pourvu d'ailes, se soutenant en l'air par des battements analogues à ceux de l'oiseau, et dont le moteur serait une machine à vapeur ordinaire, développant une quantité de travail variable avec la surface et avec la vitesse des ailes ;

Que la quantité de travail strictement nécessaire pour soutenir un poids donné à la même hauteur dans l'air pouvait théoriquement être indéfiniment diminuée, en augmentant la surface ou le bras de levier des ailes, ou diminuant la vitesse de ces ailes ;

Que toutefois, dans la pratique, cette surface et le bras de levier ne pouvant être augmentés indéfiniment par rapport au poids à soulever, et la vitesse des ailes ne pouvant être indéfiniment réduite, si l'on adopte pour cette vitesse les limites de 3^m à 6^m, qui n'ont du reste rien d'absolu, le travail moteur ci-dessus sera représenté par un nombre de kilogrammètres compris entre le dixième et le vingtième du chiffre exprimant en kilogrammes le poids à soutenir ;

Qu'en tenant compte des pertes de force probables, suppo-

sant en outre qu'à chaque battement l'appareil devra développer la force nécessaire pour le faire monter de 0^m,02, parce
qu'à chaque battement il peut se faire qu'il perde cette hauteur, la quantité de travail pratiquement nécessaire pour
maintenir l'appareil à une hauteur constante sera à très-peu
près double de la quantité ci-dessus, c'est-à-dire comprise entre
le cinquième et le dixième du chiffre exprimant le nombre de
kilogrammes à soulever; en d'autres termes, que cette quantité
de travail est celle qui représente l'élévation du même poids,
de 0^m,10 à 0^m,20 par seconde;

Que cette quantité suffira non-seulement pour le maintenir
à une hauteur constante, mais pour le transporter horizontalement avec une très-grande vitesse; que cette vitesse pourra
être augmentée ou diminuée à volonté par un faible change-
ment dans le travail produit par la machine et une simple variation dans l'inclinaison du plan qui contient les bras de levier
des ailes;

Que si, au lieu de se transporter, on veut simplement
élever l'appareil de quelques centimètres par seconde et d'une
manière continue, le même moteur produira très-bien la
force nécessaire pendant quelque temps, en dépensant plus
de vapeur;

Que pour un appareil de petites dimensions on pourrait augmenter le rapport de la surface des ailes au poids de l'appareil,
diminuer la vitesse des ailes à 2^m,50 par seconde environ, ce
qui réduirait notablement le rapport du travail moteur au poids
à soulever, et permettrait, par exemple, de réaliser un appareil au moyen duquel un homme volerait avec sa seule force
musculaire;

Que l'appareil simple ou élémentaire, ainsi que l'appareil
double, est susceptible de voler régulièrement, non-seulement
quand les deux ailes sont formées de bandes mobiles qui se
ferment et s'ouvrent alternativement, mais même quand elles
seront formées d'une membrane continue, pourvu que l'aile

perpendiculaire à son axe pendant toute la descente, relève, au moment de monter, sa partie antérieure, de façon que son plan fasse alors avec l'axe un angle convenable; que, toutefois, cette dernière disposition présente une grande difficulté pratique au départ et surtout à l'arrêt, attendu qu'elle ne permet pas, comme la première, d'augmenter ni de modérer progressivement la vitesse de transport;

Qu'il serait même possible de voler avec une seule aile plane continue ou pleine, remplissant le même rôle que les deux ailes de l'oiseau, mais à la condition que le moteur fût disposé à cet effet d'une façon particulière, très-réalisable du reste;

Que l'appareil double, c'est-à-dire composé de deux systèmes d'ailes indépendants, mais cependant se mouvant ensemble et de la même manière, présente plus de stabilité dans le vol, et permet en outre d'agrandir l'appareil dans de très-larges proportions, au point que si l'on réussit à 5000^{kil}, on réussira certainement à 60 000^{kil} et plus;

Enfin, que cet appareil, étant susceptible de se transporter avec une vitesse double au moins de celle des grands vents, sera en état de se diriger à volonté sur un point déterminé, quelle que soit la direction du vent.

Une machine qui possédera toutes ces qualités, toutes ces propriétés, est déjà assez extraordinaire, assez incroyable, on peut le dire; je me hâte donc d'ajouter que je ne rêve point pour elle la mobilité, la vivacité de l'oiseau vivant; non, sa vitesse de transport sera énorme, plus grande que celle de l'oiseau le plus rapide, à cause de l'énormité même de sa masse, mais elle ne pourra s'élever que très-lentement, 0^m,05 à 0^m,06 par seconde au plus, 3^m par minute, 150 à 200 à l'heure, à moins qu'on n'arrive à diminuer notablement le poids de la machine à vapeur actuelle. Il faut donc se la figurer volant très-vite, mais s'élevant lourdement, péniblement. Elle pourra prendre avec elle du combustible et de l'eau pour un certain temps, d'autant plus long qu'elle sera établie sur une plus grande échelle.

Emploi et usage de l'appareil.

Si un semblable appareil se réalise, on ne peut se dissimuler que son emploi présentera toujours un certain danger, ou que du moins, si ce danger n'est pas réel, si les soins, les précautions et les perfectionnements apportés dans sa construction parviennent à rendre une chute très-peu probable, il n'offrira cependant que peu de sécurité comme moyen de transport habituel, si l'on s'élevait à une grande hauteur; aussi son emploi paraîtrait-il limité surtout aux usages suivants :

Traversées rapides.

Pour des traversées très-rapides sur mer, où l'appareil, ne rencontrant aucun obstacle vertical à franchir, se maintiendrait à quelques mètres seulement au-dessus du niveau et redescendrait, à la moindre apparence de dérangement, pour flotter sur l'eau et s'y soutenir. On ferait ainsi 150 à 180^{kil} à l'heure, quinze minutes pour la traversée de Calais à Douvres, quatre heures pour celle de Marseille à Alger !

Son emploi à la guerre.

Pour des explorations, des reconnaissances ou même des opérations offensives de guerre; toutes circonstances où l'homme faisant d'avance à son devoir le sacrifice de sa vie, l'emploi d'un pareil moyen de transport n'ajouterait rien aux périls ordinaires de la guerre et du champ de bataille. Dans ce cas, l'appareil s'élevant seulement à une centaine de mètres, serait complétement à l'abri des boulets de l'artillerie; quant aux coups de la mousqueterie, bien moins à craindre à cette hauteur, ils n'auraient aucun effet pour déranger le mécanisme ni du moteur, ni des ailes, qui pourraient sans inconvénients graves êtres percées par un grand nombre de balles. L'appareil étant susceptible de s'arrêter sur un point déterminé de l'espace, de se diriger à son gré, de transporter un poids assez considérable de projectiles explosifs ou de tirailleurs, pourrait produire des effets décisifs, soit sur terre contre des troupes, soit sur mer contre les vaisseaux les plus cuirassés.

Voyages le long des fleuves.

Pour des voyages très-rapides le long des fleuves et des grandes rivières, en se tenant à une hauteur de 15 à 20^m au-dessus de l'eau, c'est-à-dire un peu au-dessus des ponts, et suivant alors une ligne parallèle à celle des eaux. Ainsi, l'appareil s'élevant seulement de 0^m,025 par seconde et volant avec une vitesse de 50^m parcourt une ligne inclinée de 1 pour 2000; c'est plus que la pente du Rhône, des grandes rivières; à la vitesse de 30^m, et s'élevant de 0^m,03 par seconde, il suit une ligne inclinée de 1 pour 1000; pour s'élever suivant une plus grande inclinaison, il faudra diminuer la vitesse. Le long des fleuves ou dans les traversées sur mer, les longs trajets de l'appareil seront facilités par cette circonstance, que l'approvisionnement d'eau pouvant presque sans retard être fréquemment renouvelé, la provision de combustible pourra être plus considérable.

Au reste, il est superflu d'insister sur les usages qu'on pourrait faire d'un pareil mode de locomotion : quand l'appareil sera réalisé, on saura vite en trouver des applications et le perfectionner de manière à multiplier son emploi, bien au delà de ce qu'on oserait imaginer aujourd'hui.

FIN.

NOTES ET ADDITIONS.

NOTE I, page 70.

La tension des fils du réseau fera courber légèrement les rayons de la charpente : dans le modèle de $2^m,80$ que j'ai fait établir, cette courbure a une corde de $0^m,03$ environ. Loin de présenter un inconvénient, cette légère concavité que prendra le dessous de l'aile donnera plus de solidité à la charpente et l'empêchera de se gauchir dans tous les sens : elle n'augmentera pas sensiblement l'action du vent sur l'aile ou sur les bandes et ne les gênera pas dans leur mouvement autour des charnières, si ces bandes sont divisées, comme je l'ai dit, en morceaux de 2^m environ de longueur, ou même $2^m,50$.

Toutefois il ne faudrait pas que cette concavité dépassât certaines limites.

Ainsi, je suppose une aile de 10^m de diamètre, et chaque diamètre courbé en arc de cercle dont la corde variera de $0^m,10$ à $0^m,20$ et $0^m,40$: si l'on prend sur cet arc une longueur de 1^m, la corde de ce segment variera de $0^m,001$ à $0^m,002$ et $0^m,004$. Il est donc facile de voir que l'on pourra, sans gêner le jeu des bandes autour du fil qui leur sert de charnière, donner à l'aile une courbure totale de $0^m,10$ qui n'altérera pas d'une manière sensible l'angle sous lequel l'air frappera le plan général de cette aile.

NOTE II, page 75.

Il est d'une extrême importance de diminuer le plus possible le frottement des deux tourillons b et o autour desquels se fait le mouvement: ce frottement ne dépend pas directement du rapport $\dfrac{b}{B}$ et par conséquent de la valeur absolue du bras de levier b, mais il en dépend indirectement, en ce sens que ce rapport influe sur la valeur de l'effort f, c'est-à-dire sur la pression qui a lieu aux touril-lons, dans le cas où l'on donne à x une certaine valeur, c'est-à-dire où l'appareil a besoin de s'élever. Il faut que le rapport $\dfrac{x}{b}$ soit le plus petit possible pour diminuer la valeur de f (*voir* l'égalité 9), et par conséquent que b ait une certaine longueur : si x pouvait être réduit à zéro, le rapport $\dfrac{b}{B}$ pourrait être diminué plus encore que je ne l'ai supposé, $\dfrac{1}{80}$, sans augmenter le frottement et par suite la perte de force qu'il occasionne.

Dans un appareil de grande dimension, $30\,000^{kil}$, par exemple, qui serait destiné à voler horizontalement ou à ne s'élever que très-peu, si on prend pour limite de la valeur de x $0^m,04$, et si $b = 0^m,05$, on voit que l'effort f sera, à cette limite, augmenté des $\dfrac{4}{5}$ de sa valeur correspondant à $x = 0$: c'est beaucoup, mais on n'aurait d'autre moyen de le réduire que d'augmenter b, et par conséquent B, pour conserver le rapport $\dfrac{b}{B}$.

NOTE III, page 80.

Le coude de la bielle et celui de l'excentrique étant à angle droit l'un sur l'autre, il est facile de se rendre compte, par un tracé géomé-trique de la composition des forces en jeu, que si la direction de l'effort f exercé par l'excentrique est toujours perpendiculaire à celle de la bielle et parallèle à la tige be, la résultante des deux actions exercées sur l'axe coudé, ou l'effort de soulèvement R', sera toujours exactement dirigé suivant l'axe be. Mais la tige qui est menée par l'excentrique, et qui agit sur le bras B, fait un angle variable, quoique toujours très-petit, avec la tige be, et les bielles des pistons moteurs décrivant à leur extrémité un cercle de $0^m,20$ environ de rayon, font aussi un angle variable avec l'horizontale ; il résulte de là que dans chaque appareil la résultante de chaque effort de soulèvement R' ne sera pas exactement dirigée suivant l'axe be ; cela importe peu : la force de traction que j'ai appelée $R' \sin\alpha$ sera mesurée, non plus par l'angle α que la tige *be* fait avec la verticale, mais par l'angle α', que la direction de l'effort R' fait avec la verticale, qui ne différera pas beaucoup de α, et variera à peu près comme α, quand on fera mouvoir a tige *be*.

Cet angle α' ne sera pas non plus tout à fait le même dans les deux appareils, celui de l'avant et celui de l'arrière, si l'inclinaison de la tige *be* n'a pas lieu, pour chacun d'eux, dans le même sens par rapport au moteur; mais peu importe aussi : la traction totale sera égale à $R' (\sin\alpha' + \sin\alpha'')$, dans ce dernier cas.

Lorsque la tige *be* sera verticale, les angles α' et α'' ne seront pas nuls, comme α, mais de signes différents, et se feront à peu près équilibre : il y aura toujours une position de la tige *be*, très-rapprochée de la verticale, qui correspondra à une traction nulle, que les angles α' et α'' soient égaux ou qu'ils soient différents.

FIN DES NOTES ET ADDITIONS.

PARIS. — IMPRIMERIE DE GAUTHIER-VILLARS
Rue de Seine-Saint-Germain, 10, près l'Institut.